Jan Großbach

Ratgeber für
den Klavierkauf

Verlag Erwin Bochinsky
Frankfurt am Main

Vorwort 5

Ein Klavier, ein Klavier! 7

Klaviertechnik in groben Umrissen – was man vom Innenleben wissen sollte 11

Vom Kleinklavier bis zum Konzertflügel 31

Die Qual der Wahl 33

Neu oder gebraucht? 51

Nach dem Kauf 63

Klavierhersteller auf dem deutschen Markt 69

Vorwort

Klaviere sind alle gleich – 88 Tasten und zwei bis drei Pedale.

Natürlich stimmt diese Aussage nicht, Unterscheidungsmerkmale findet der Unkundige aber dennoch kaum – zumindest nicht auf Anhieb und nicht ohne fachkundige Hilfe.

Zum großen Unglück für Klavierkäufer gibt es keinen Warentest, keine Vergleichstabellen, auch keine Ausführungs-Parameter, die vergleichbar wären mit PS, Hubraum oder Benzinverbrauch – für Klang (-Empfinden) und Spielart (-Gefühl) gibt es eben keine DIN-Normen.

Dieser Ratgeber wird mit Sicherheit für viele eine gute Entscheidungshilfe sein – nicht nur als erste Informationsquelle, sondern auch als echter Fundus für vertiefende Informationen, die für so manchen erfahrenen Klavierspieler, ja sogar Klavierlehrer, neu und aufschlußreich sein dürften.

Als neutraler Marktbeobachter nutzt der Verfasser seine »Doppelfunktion«. Jan Großbach ist nämlich Journalist und Klavierbauer zugleich. Dank seiner Ausbildungsstätte ist er sogar in der Historie der Klavierinstrumente kundig.

Und sollten Sie nach der Lektüre den fachlichen Rat vor Ort suchen, so finden Sie Ihre kompetenten Partner am besten unter den Mitgliedern des Fachverbandes; von dort erhalten Sie auch das jeweils neueste Mitgliederverzeichnis (Tel. 02 21 / 6 80 42 25).

Im Namen der Fachleute im Bund Deutscher Klavierbauer wünsche ich Ihnen eine gelungene Klavierauswahl und vor allen Dingen viel Spaß beim Musizieren.

Udo Schmidt-Steingraeber, Bayreuth
1. Vorsitzender
Bund Deutscher Klavierbauer e.V.   Bensberger Marktweg 85   51069 Köln

Ein Klavier, ein Klavier!

»Ist es kein gut Ding, das ganze Material der Töne vor seinen zehn Fingern zu haben? hineinzugreifen, wirklich hineinzugreifen? und alle Nuancen aller Musik, das Singen, Springen, Flüstern, Schreien, das Weinen und das Lachen unter seinen Nerven zu fühlen?«

Mit dieser rhetorischen Frage umriß einmal Oscar Bie sein Verhältnis zum Klavier, und so ähnlich wird man es wohl von allen Tasteninstrumenten sagen können. Ganz sicher ist es ein »gut Ding«, sonst hätten die Menschen sich nicht seit mehr als zweitausend Jahren darum bemüht, die verschiedensten Musikinstrumente mit Tasten zu versehen, und damit das »ganze Material der Töne« für den Spieler im wahrsten Sinne des Wortes »greifbar« zu machen.

Dieser Vorgang hat natürlich immer etwas mit kalter und nüchterner Mechanik zu tun, denn zwischen den eigentlichen Klangkörper und den Menschen wird eine technische Vorrichtung eingefügt. Stets ist damit ein Verlust an ursprünglicher Ausdrucksfähigkeit verbunden. Der Organist kann den Ton der Pfeifen nicht modulieren, wie es der Flötenspieler kann, gleiches gilt für das Cembalo, dessen Spieler in dieser Hinsicht dem Gitarristen oder Zitherspieler unterlegen ist. Etwas anders ist es schon beim Klavichord und beim Klavier, die dem Musiker eine gewisse Möglichkeit der Klanggestaltung geben. Eine Eigenart aller Tasteninstrumente ist, mit einer kleinen Einschränkung, die man beim Klavichord machen muß, die Festlegung des Tonvorrates, auf den der Spieler keinen Einfluß mehr hat. Bei den meisten anderen Instrumenten kann man durch Griff oder Ansatz weit mehr verschiedene Töne erzeugen als die zwölf Tonstufen, die jede Oktave einer Klaviatur enthält. Ein echtes Glissando, also ein gleichsam stufenloses Verändern der Tonhöhe, ist bei einem Tasteninstrument völlig unmöglich.

Doch diesen Einschränkungen stehen beachtliche Vorzüge gegenüber. Beim Spiel auf einem Tasteninstrument kann man ganz alleine das machen, wozu sonst mehrere Musiker nötig sind. Man kann eine Melodie spielen und gleichzeitig eine vollstimmige Begleitung. Zehn Finger können zwar nicht überall zugleich sein, aber es gibt sechsstimmige Fugen, die mit zwei Händen zu spielen sind. Noch größer wird die Zahl der Möglichkeiten, wenn man, wie bei der Orgel, die Füße zu Hilfe nehmen und auf einer Pedalklaviatur eine oder gar zwei weitere Stimmen spielen kann. Auch können mehrere Spieler an einem Instrument vier- oder gar sechshändig musizieren. Das Klavier hatte, neben der ihm eigenen Musik, stets auch ein großes Repertoire, das es gewissermaßen »in Vertretung« bewältigen mußte. Heute ist die Musik aus dem Lautsprecher allgegenwärtig, aber noch vor wenigen Generationen war es in der Hauptsache dem Tasteninstrument vorbehalten, Musikwerke aller Art im häuslichen Umfeld zum Klingen zu bringen. Stapel von Klavierauszügen von Opern, Orchesterstücken und auch Unterhaltungmusik aller Art, die man auf Flohmärkten und in Antiquariaten findet, zeigen uns noch heute, wie das Repertoire der Hausmusik noch zu Zeiten unserer Großeltern aussah. Manchmal ist man vielleicht versucht, über die »Musikalischen Edelsteine aus dem Tonreiche Richard Wagners, für Klavier zu zwei Händen ganz leicht gesetzt ...« zu lächeln, aber selbst das Spielen einer fragwürdigen Bearbeitung führt sicher zu einer persönlichen Vertrautheit mit der Musik, die einem die perfekteste CD unserer Zeit nicht geben kann.

Das erste Tasteninstrument in der Musikgeschichte war die Orgel, die schon seit der Antike bekannt ist und die im Spätmittelalter die führende Rolle in der Kirchenmusik des Abendlandes übernahm. Nicht minder bedeutend für die europäische Musikgeschichte ist eine andere Gattung der Tasteninstrumente, bei der Saiten die Töne erzeugen. Im 15. Jahrhundert wurden Cembalo und Klavichord in die Musizierpraxis eingeführt, über eine sicher anzunehmende Vorgeschichte ist uns allerdings wenig bekannt. Eine erste Blüte erreichte der Cembalobau in Italien. Die ältesten Zeugnisse des italienischen Cembalobaues, die sich bis heute erhalten haben, stammen aus dem 16. Jahrhundert, was angesichts der zarten Konstruktion dieser Instrumente recht erstaunlich ist. Regionale Zentren des Cembalobaues mit jeweils sehr eigenständigen technischen und klanglichen Ausprägungen bildeten sich später vor allem in Flandern, Frankreich und England.

Das erste Tasteninstrument

Das vergleichsweise intimere und auch äußerlich bescheidenere Klavichord wurde dagegen, obgleich in allen europäischen Ländern bekannt, vor allem in Deutschland und Skandinavien gepflegt. Seine Klangerzeugung unterscheidet sich vom Cembalo, dessen Saiten von Kielen angezupft werden. Beim Klavichord schlagen Metalltangenten die Saiten an und bleiben während der Dauer der Töne in Kontakt mit den Saiten. Das Klavichord ist damit das einzige Klavierinstrument, bei dem der Spieler mit dem Anschlag die Tonhöhe in gewissen Grenzen beeinflussen kann. Charakteristisch für das Klavichordspiel ist die soge-

Klavichord

nannte »Bebung«, ein leichtes Vibrato, das durch wechselnden Fingerdruck auf die angeschlagene Taste erzeugt wird.

Klavichord und Cembalo, letzteres ergänzt durch die Kleinformen Spinett und Virginal, prägten die Musik des ganzen Barockzeitalters. Im Laufe des 18. Jahrhunderts gewann dann als drittes Prinzip der Klangerzeugung das Anschlagen der Saiten mit Hämmern an Bedeutung. Als Erfinder der Hammermechanik gilt heute unangefochten der Paduaner Cembalobauer Bartolomeo Cristofori, der um die Wende vom 17. zum 18. Jahrhundert in Diensten des Hofes der Medici in Florenz stand. Sein in dieser Zeit ersonnenes »Gravicembalo col piano e forte«, aus dessen etwas langatmiger Benennung man schon das Wort »Pianoforte« heraushören kann, ist technisch bereits erstaunlich ausgereift. Es dauerte jedoch noch Jahrzehnte, bis das neue Instrument gegen Ende des 18. Jahrhunderts das Cembalo und schließlich auch das Klavichord verdrängen konnte. Nicht endgültig allerdings, denn in unserer Zeit haben beide Instrumente eine erstaunliche Renaissance erfahren.

Erfinder der Hammer- mechanik

Das 19. Jahrhundert hat man treffend als das »Jahrhundert des Klaviers« bezeichnet. Das Instrument machte eine rasante technische Entwicklung durch, bis es etwa um 1870 in der Form ausgebildet war, die im wesentlichen noch heute gültig ist. Gleichzeitig sorgten virtuose Pianisten, von denen Franz Liszt wohl nach wie vor der berühmteste ist, für eine ungeahnte Popularität des Klaviers. Schließlich machten industrielle Fertigungsmethoden das Instrument praktisch für alle Bevölkerungsschichten verfügbar, und es wurde reichlich Gebrauch davon gemacht. Bisweilen konnte man sogar Klagen über die verbreitete »Manie« des Klavierspiels hören.

Von solchen Extremen sind wir heute gewiß weit entfernt, und in unseren Tagen haben wir es leider mit weit schlimmeren Manien zu tun. Allen Unkenrufen zum Trotz ist das Klavier jedoch auch heute noch eines der beliebtesten Hausinstrumente. Die Zahl der Klavierschüler hat eine Rekordmarke erreicht, und nichts spricht dafür, daß die neuen Konkurrenten um die Publikumsgunst, die dem Klavier in Gestalt elektronischer Instrumente erwachsen sind, daran so bald etwas ändern werden.

Klaviertechnik
in groben Umrissen – was man vom Innenleben wissen sollte

Das Klavier zeigt sich dem Beobachter meist recht »zugeknöpft«. Die Reihe der schwarzen und weißen Tasten ist von außen sichtbar, alles andere dagegen meist vom Gehäuse verdeckt. Nur beim Flügel kann man, wenn der Deckel aufgeklappt ist, auch die Saiten und den gußeisernen Rahmen mit dem darunter liegenden Resonanzboden sehen. Wir wollen deshalb zunächst anhand der Abbildungen einen Blick in das Innere von Klavier und Flügel werfen.

Die Grundlage der Konstruktion bildet die sogenannte »Rast«. *Rast* Darunter versteht man das stabile Balkengerippe, das auf der Unterseite des Flügels und der Rückseite des Klaviers zu sehen ist. Mit der Rast verschraubt ist der gußeiserne Rahmen, der zusammen mit *Gußrahmen* dem hölzernen Rahmenwerk die Spannung der etwa 220 Saiten trägt. Je nach Bauart und Größe des Instruments beträgt die Gesamtlast zwischen 15 und 20 Tonnen. Den Gußrahmen, der auch als Platte bezeichnet wird, kann man sehen, wenn der Deckel des Instruments aufgeklappt ist. Beim Klavier bietet sich nur ein kleiner Einblick auf den oberen Teil des Rahmens, während er beim Flügel ganz sichtbar wird. Die sichtbaren Teile sind in der Regel mit Goldbronze lackiert, was gelegentlich zu der irrigen Behauptung führt, ein Klavier habe einen Bronze- oder Messingrahmen, was aber auf keinen Fall zutrifft.

Zwischen Gußrahmen und Rastengerippe erkennt man den *Resonanzboden* Resonanzboden, eine Tafel aus Fichtenholz, die sich fast über den gesamten »Grundriß« des Instruments erstreckt. Aufgabe des Resonanzbodens ist es, die Schwingungen der Saiten auf die Luft zu übertragen und dadurch hörbar zu machen. Auf der Rückseite ist der Resonanzboden durch etwa ein Dutzend annähernd parallel verlaufende hölzerne Rippen verstärkt, auf der Vorderseite steht er durch die aufgeleimten Stege mit den Saiten in Verbindung. Der gesamte Umfang des Resonanzbodens ist durch Verleimung fest mit dem Rasten verbunden.

Saiten

Die Saiten des Klaviers sind zwischen den in der Gußplatte verankerten Anhangstiften und den Wirbeln gespannt. In der tiefsten Oktave hat jeder Ton nur eine Saite, etwa genau so viele sind mit zwei Saiten, der Rest mit drei Saiten pro Ton bezogen. Die Saiten bestehen aus einem speziellen Stahldraht, der bei den tieferen Tönen noch mit Kupferdraht umwickelt ist. In ihrem Verlauf kreuzen die Saiten die auf dem Resonanzboden aufgeleimten Stege. Ein weiterer Auflagepunkt der Saiten befindet sich kurz vor den Wirbeln auf der Gußplatte. Dieser zweite Begrenzungspunkt kann je nach Bauart recht verschieden aussehen, beim Piano hat er häufig die Form eines Steges mit dreieckigem Querschnitt. Zwischen beiden Begrenzungen erstreckt sich die klingende Länge der Saiten.

Wirbel

Die Wirbel scheinen bei den heute üblichen Konstruktionen in der gußeisernen Platte zu stecken. Tatsächlich ist das Eisen der Platte an dieser Stelle aber nur etwa einen Zentimeter dick, und darunter stecken die insgesamt etwa 6 Zentimeter langen Wirbel im Holz des Stimmstockes. Bei dieser Anordnung, für die es den etwas martialischen Ausdruck »volle Panzerplatte« gibt, ist der Stimmstock vollständig von der Platte bedeckt. Daß man dieser Ausführung heute allgemein den Vorzug vor der früher üblichen gibt, bei der die Platte durchbrochen ist und den Blick auf die Oberfläche des Stimmstockes gestattet, hat wenig mit Gründen der Stabilität zu tun, auch wenn das gelegentlich behauptet wird. Die volle Platte ist bei der heutigen Produktionstechnik einfach die günstigste Lösung.

Stimmstock

Der hölzerne Stimmstock, der, wie gesagt, für die Haltbarkeit der Stimmwirbel in jedem Fall die Hauptverantwortung trägt, wird heute meist aus schichtverleimtem Hartholz hergestellt. Damit ist für die Instrumente aus den letzten Jahrzehnten zumindest ein Schreckgespenst gebannt: reißen können diese Stimmstöcke nicht mehr. Gerade bei preiswerteren Instrumenten früherer Jahre war das nicht gerade selten, da bei diesen oft minderwertiges, schlecht gepflegtes Holz verarbeitet wurde. Nicht so ernst nehmen sollte man aber die Verheißungen in den Werbeprospekten, die die Vorteile des verwendeten Stimmstockmaterials für die Stimmhaltung des Instruments anpreisen. Tatsächlich hängt diese von einer ganzen Reihe von Gegebenheiten ab, die größtenteils in der Konstruktion des Instruments begründet sind. Hier kommt es mehr auf die

Die wichtigsten Bauteile eines Pianos

Klaviatur Klappe Oberrahmen Deckel Mechanik Stimmstock Rasten

Konsole Unterrahmen Sockel Gußplatte Resonanzboden

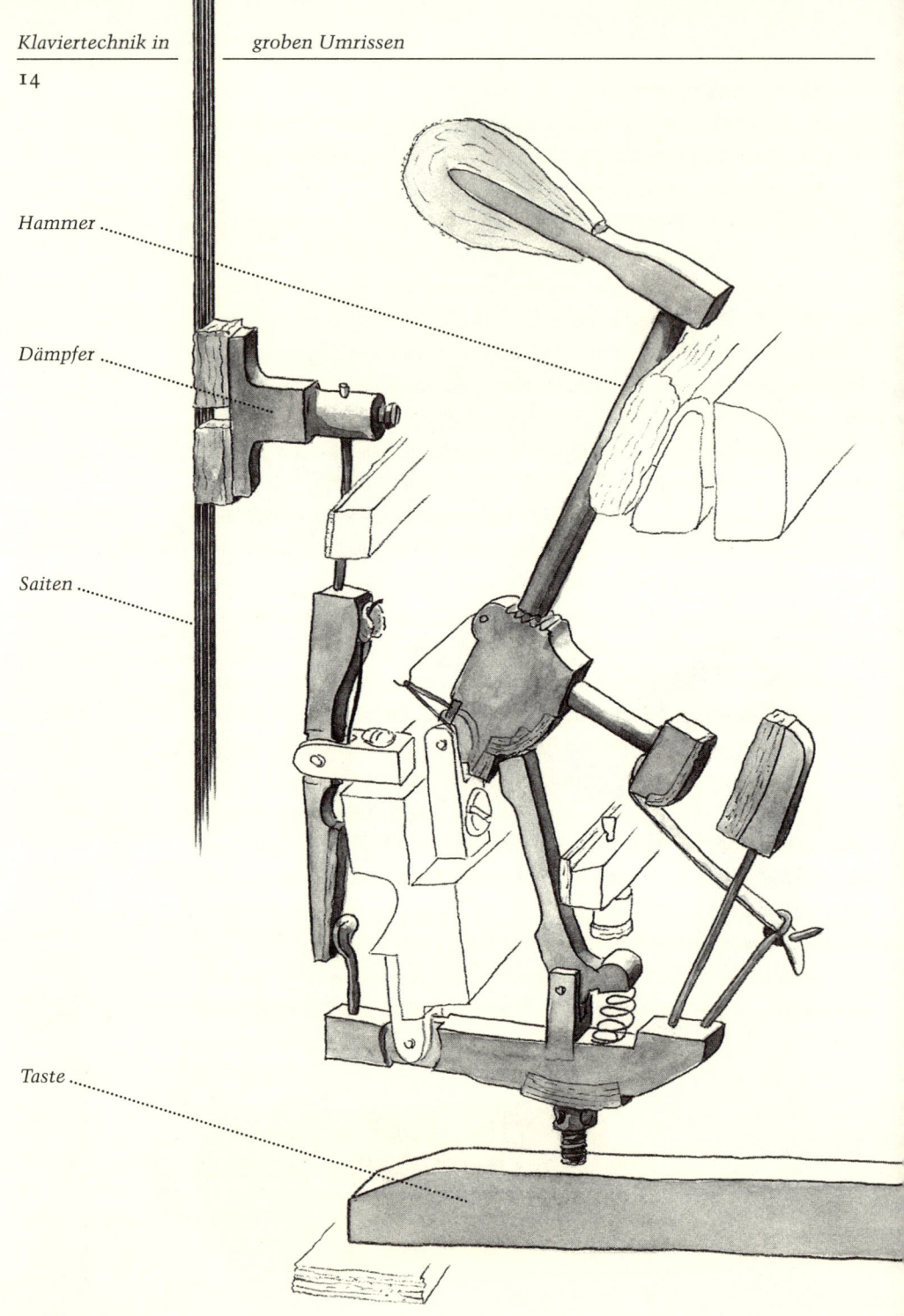

Hammer

Dämpfer

Saiten

Taste

Die Pianomechanik

Kenntnisse des Konstrukteurs an als auf die verwendeten Materialien. Daß bei einem intakten Instrument die Stimmwirbel den Saitenzugkräften standhalten, ist eine Selbstverständlichkeit, die man voraussetzen kann.

Der häufige gehörte Hinweis auf die Überlegenheit der verwendeten Materialien ist generell mit großer Vorsicht zu genießen. Meist wird das Material, das nach Abwägung von Kosten und Qualität als das günstigste erscheint, als besonders vorteilhaft angepriesen. Der Klavierbau verfügt über eine mehrhundertjährige Erfahrung mit den herkömmlichen Werkstoffen, und man kann getrost behaupten, daß diese bei sorgfältiger Auswahl und Verarbeitung immer noch zu den besten Ergebnissen führen, was an den Instrumenten der Spitzenklasse leicht zu belegen ist. Mit Rücksicht auf die Kosten kann es allerdings durchaus sinnvoll sein, an Stelle von minderwertigen Qualitäten der traditionellen Werkstoffe auf alternative Produkte auszuweichen.

Was bisher beschrieben wurde, könnte man die »akustische Anlage« des Klaviers nennen. Die Anordnung aus Rastengerippe, Resonanzboden, Stimmstock, Gußplatte und Saitenbezug wird manchmal auch im weiteren Sinn als Rasten bezeichnet. Bei kleinen Klavieren verzichtet man übrigens bisweilen auf die hölzernen Spreizen der Rast, dann besteht das Grundgerüst lediglich aus einem Rahmen, der den Resonanzboden trägt. Solche Konstruktionen werden üblicherweise als rastenlos bezeichnet. Heute gibt man der traditionellen Bauweise mit Rastengerüst wieder häufiger den Vorzug, nicht zuletzt deswegen, weil der Anteil an höheren Klaviermodellen wieder größer ist als noch vor einigen Jahren.

Den Kontakt zwischen dem Spieler und den klingenden Saiten vermittelt ein recht kompliziertes Spielwerk, dessen Aufbau wir

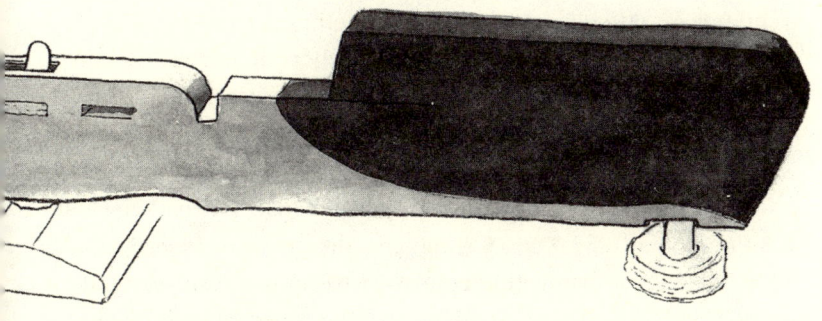

Tonumfang

Klaviatur

nun betrachten wollen. Von außen sieht man davon nur die schwarzen und weißen Tasten, deren Gesamtzahl meist 88, bisweilen aber auch nur 85 beträgt. 85 Tasten von A_2 bis a^4 war lange Zeit der übliche Umfang der Instrumente, mittlerweile hat sich der bei älteren Instrumenten nur gelegentlich anzutreffende Umfang bis zum c^5 im Diskant allgemein durchgesetzt. Viel Bedeutung sollte man dem nicht beimessen, da die zusätzlichen drei Töne in der Klavierliteratur so gut wie nie verlangt werden. Für das meist gespielten Repertoire bis zur Romantik sind 7 Oktaven völlig ausreichend. Das hindert manche Anbieter allerdings nicht daran, auf die 7 1/4-Oktaven-Klaviatur ihrer Instrumente besonders hinzuweisen, was man gehässigerweise so interpretieren könnte, daß die betreffenden Instrumente dann sonst wohl keine besonderen Vorzüge haben werden.

Die Tasten bei Klavier und Flügel sind aus Holz gefertigt, bei europäischen Instrumenten ist es meist Fichte, bisweilen kommen aber auch andere Hölzer zum Einsatz. Der sichtbare Teil der Tasten ist mit einem Klaviaturbelag versehen, der das vertraute schwarzweiße Erscheinungsbild der Klaviatur vermittelt und gleichzeitig für den Spieler eine angenehm anzufassende und verschleißfeste Oberfläche bieten soll. Traditionell sind Ebenholz und Elfenbein die Werkstoffe, die beide Anforderungen in hohem Maße erfüllen. Die strengen Bestimmungen zum Schutz der Elefanten haben mittlerweile zu einem völligen Vermarktungsverbot für Elfenbein geführt, was man im Interesse des Naturschutzes sicher nur begrüßen kann. Zu bedauern ist es allerdings, daß die Bemühungen um ein allen Ansprüchen gerecht werdendes Ersatzprodukt noch nicht zur allgemeinen Einführung eines voll befriedigenden Materials geführt haben. Neu ist die Suche nach einem solchen Stoff keineswegs, denn aus Kostengründen war man schon immer bemüht, geeignete Alternativen für das Elfenbein zu finden. Schon älter als die Verwendung des Elfenbeins ist der Gebrauch von Plättchen aus Knochen, die auch heute wieder gelegentlich zum Einsatz kommen. Schon vor der Jahrhundertwende verwendete man Zelluloid, später auch Kunststoffe auf der Basis von Milcheiweiß (Galalith). Das derzeit verbreitetste Material für den Untertastenbelag ist weiß gefärbtes Acrylglas, das zumindest hinsichtlich der Haltbarkeit keine Wünsche offen läßt. Die »Griffigkeit« dieser Tastenbeläge ist aber nicht so gut wie beim Elfenbein, was besonders dann störend ist, wenn Handschweiß das Spielen zu einer Rutschpartie macht. In jüngster Zeit bringen vor allem japanische Hersteller neue Kunststoffe auf den Markt, die diese Nachteile nicht haben. Auch die Beimischung von Keramikbestandteilen wird erprobt und soll gute Ergebnisse bringen. Die schwarzen Tasten, die etwas irreführend »Halbtöne« genannt werden, sind nur noch selten aus Ebenholz gefertigt. Früher verwendete man oft schwarz gebeizten Birnbaum als Ersatz, während heute meist Kunststoffe eingesetzt werden.

Verbunden mit der Klaviatur ist die Mechanik, deren Aufgabe es *Mechanik* ist, die von den Fingern ausgelöste Bewegung der Taste in die komplizierten Bewegungsabläufe der Hämmer und Dämpfer umzusetzen. Zweierlei muß nämlich geschehen, damit ein Klavierton entsteht: Zum einen muß der mit Filz überzogene Hammer die Saiten anschlagen und dabei eine der gewünschten Tonstärke entsprechende Energiemenge abgeben. Zum anderen muß der für diesen Ton zuständige Dämpfer kurz vor dem Anschlag abgehoben werden, nach dem Loslassen der Taste wieder in die Ausgangsposition zurückkehren und dabei den Ton abdämpfen. (Etwa ab dem f^3 haben die Töne keine Dämpfer mehr, da die Saiten in den höheren Lagen ohnehin sehr schnell ausklingen.) Eine weitere Schwierigkeit ergibt sich daraus, daß der Hammer nach erfolgtem Anschlag die Saiten sofort wieder freigeben muß, damit der Ton klingen kann. Der Rückprall darf also nicht behindert werden, auch wenn die Taste noch längere Zeit angeschlagen bleibt. Dieses Problem hatte bereits der Erfinder der ersten Hammermechanik, Bartolomeo Cristofori, gelöst, indem er eine sogenannte »Auslösung« konstruierte. Der Hebelmechanismus ist so aufgebaut, daß die Stoßzunge, die den Antrieb des Hammers vermittelt, kurz vor dem Anschlag vom Hammer getrennt wird, so daß dieser ungehindert zurückfallen kann.

Weitere Funktionen der Mechanik stehen in Zusammenhang mit *Pedale* den Pedalen, von denen es mindestens zwei, manchmal aber auch drei gibt. Ist bei Klavier oder Flügel von dem Pedal schlechthin die Rede, dann ist stets das rechte gemeint. Wird dieses getreten, dann heben sich alle Dämpfer zugleich von den Saiten, so daß die Töne nachklingen, auch wenn die Tasten losgelassen werden. Da alle Saiten mitschwingen, nicht nur die angeschlagenen, entsteht ein »hallender« Klang, der sich deutlich von dem Klang ohne Pedalgebrauch unterscheidet.

Das linke Pedal wird Pianopedal genannt. Seine Funktion ist beim Flügel eine etwas andere als beim Klavier. Beim Flügel verschiebt sich die ganze Mechanik ein wenig, so daß bei den zwei- und dreifach besaiteten Tönen jeweils eine Saite weniger angeschlagen wird. Hierdurch ändert sich der Klangcharakter mehr noch als die Lautstärke, der Klang wirkt gleichsam etwas verschleiert. Beim Klavier klappt beim Treten des linken Pedales die Ruheleiste der Hämmer ein wenig nach vorn, so daß der Anschlagweg verkürzt und der Schwung der Hämmer gemindert wird. Das linke Pedal des Klaviers ist weit mehr als das des Flügels ein ausgesprochenes Pianopedal.

Vollends unterschiedlich ist die Funktion des mittleren Pedals, das freilich nicht immer anzutreffen ist, bei Klavier und Flügel. Das Mittelpedal des Klaviers betätigt in aller Regel einen »Moderator«, das ist eine Klappleiste mit einem weichen Filzstreifen, der zwischen die Hämmer und die Saiten geschwenkt wird. Hierdurch wird die Lautstärke stark vermindert. Der Moderator ist ein Hilfsmittel, um beim Üben die Umgebung weniger zu belästigen. Nachteilig ist, daß bei eingeschaltetem Moderator die Spielart zäh und unschön wird und die dynamische Differenzierungsmöglichkeit weitgehend verloren geht. Beim Flügel, bei dem der Moderator nur ganz selten angebracht wird, hat das mittlere Pedal üblicherweise eine andere Funktion. Es wird hier »Sostenutopedal« genannt, und es ähnelt in seiner Wirkung dem rechten Pedal. Es hebt ebenfalls die Dämpfung

Die Rückseite eines Pianos

Tragegriff

Resonanzboden
mit Rippen

Rastenspreize

auf, aber nur für die Töne, die zum Zeitpunkt des Tretens ange-
schlagen waren. Man kann mit diesem Pedal einzelne Töne oder
Akkorde festhalten, ohne daß sich der hallende, verschwommene
Klang einstellt, der dem rechten Pedal eigen ist.

Es gibt noch weitere Unterschiede zwischen dem Spielwerk des
Klaviers und dem des Flügels, die auf die unterschiedliche Anordnung der Saiten zurückzuführen sind. Zunächst unterscheidet sich
die Position im Instrument. Öffnet man den oberen Deckel des
Klaviers, dann blickt man von oben auf die Reihe der Hämmer
und Dämpfer. Nach Abnehmen der Gehäuseverkleidungen wird
die ganze Mechanik sichtbar. Beim Flügel ist das Spielwerk wie
eine Schublade von vorn in das Instrument eingeschoben, und man
sieht von außen lediglich die Dämpfer, beim Blick von oben durch
die Saiten auch die Hammerköpfe. Weitere Unterschiede ergeben
sich aus der Lage der Hämmer.
Beim Klavier stehen sie fast senk-
recht, daher muß ihr Rückfall durch
Federn und Rückholbändchen geför-
dert werden. Das ist bei den annähernd waagerecht angebrachten
Flügelhämmern nicht nötig, es stellt
sich aber hier ein anderes Problem
ein. Der rasche Rückfall der Flügel-
hämmer würde es fast unmöglich
machen, einen Ton nochmals anzuschlagen, ohne die Taste ganz in die
Ruhelage zurückkehren zu lassen.
Schnelle Tonwiederholungen wären
damit sehr erschwert, wenn nicht
durch die sogenannte »Repetitionsmechanik« Abhilfe geschaffen würde. Ein gefederter Repetierschenkel
unterstützt den Hammer nach dem
Anschlag, so daß die Stoßzunge
sofort wieder in die Anschlagposi-
tion fallen kann. Was eigentlich ein
Nachteil der waagerechten Häm-
meranordnung ist, wird durch diese
geniale Erfindung, die der Klavierbauer Sebastian Erard bereits um

*Repetitions-
mechanik*

Verlauf der Saiten beim Klavier

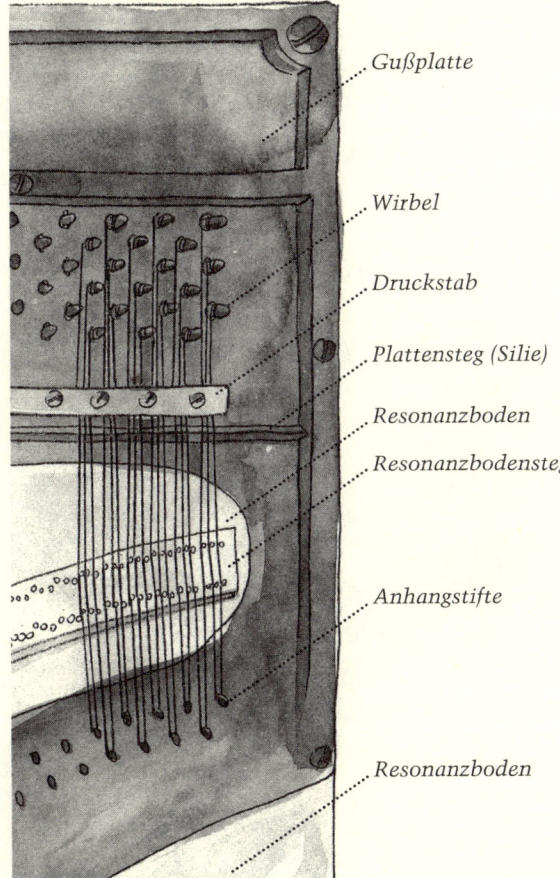

Gußplatte

Wirbel

Druckstab

Plattensteg (Silie)

Resonanzboden

Resonanzbodensteg

Anhangstifte

Resonanzboden

Die wichtigsten Bauteile eines Flügels

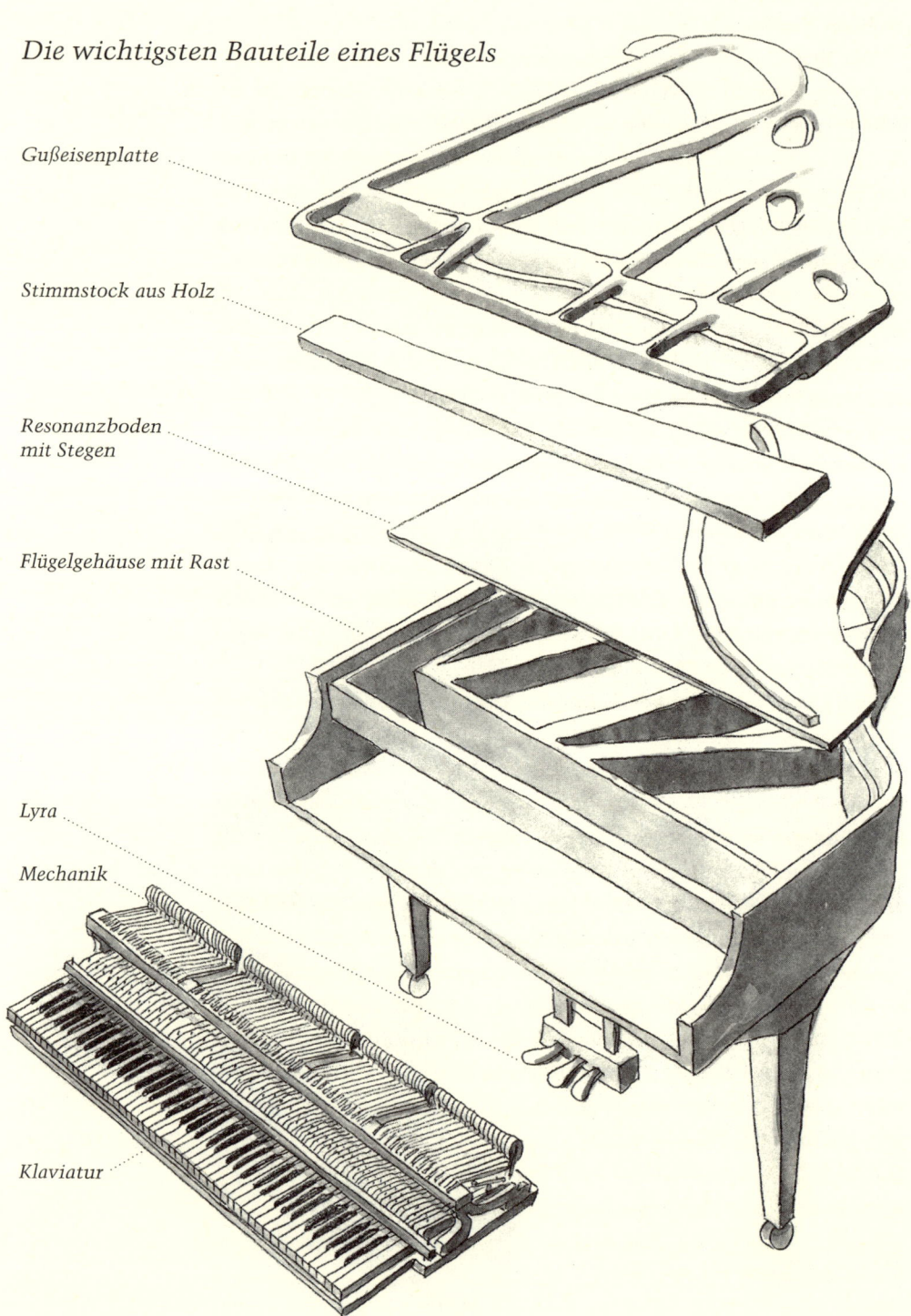

Gußeisenplatte

Stimmstock aus Holz

*Resonanzboden
mit Stegen*

Flügelgehäuse mit Rast

Lyra

Mechanik

Klaviatur

1820 machte, zu einem Vorteil, da die Tonwiederholung bei der modernen Flügelmechanik viel sicherer und präziser funktioniert als beim Klavier.

Der Begriff Repetitionsmechanik wird auch in Zusammenhang mit dem aufrechten Klavier gelegentlich genannt. Manchmal geschieht das ohne besonderen Anlaß, einfach nur, um etwas Eindruck zu schinden. Bisweilen wird auch auf besondere Einrichtungen angespielt, die mit der Absicht angebracht werden, den Vorsprung des Flügels in dieser Hinsicht einzuholen. Ein gewisser Erfolg ist einigen dieser Konstruktionen nicht abzusprechen, aber man sollte die Bedeutung dieses Gewinns nicht überschätzen. Ganz erreichen läßt sich die Spielart einer Flügelmechanik beim Klavier nicht, und es darf auch bezweifelt werden, ob das überhaupt nötig und wünschenswert ist.

Ein weitereres Wort in diesem Zusammenhang begegnet dem *Renner-Mechanik* Klavierinteressierten früher oder später unweigerlich. Mit besonderer Ehrfurcht spricht man von der »Renner-Mechanik«. Damit ist nicht etwa ein besonders flinkes Exemplar der Gattung gemeint, sondern ein Produkt der Stuttgarter Firma Louis Renner. Deren Erzeugnisse sind nun freilich in der ganzen Welt als besonders hochwertig geschätzt, aber ein paar einschränkende Erläuterungen sind an dieser Stelle doch nötig.

Zunächst mag es etwas befremdlich klingen, daß eine Klavierfabrik ausgerechnet dieses wichtige Teil von einem Zulieferer bezieht. Tatsächlich war die Entstehung einer von den Klavierfabriken unabhängigen Mechanikindustrie, die im Verlauf des vorigen Jahrhunderts stattfand, eine entscheidende Voraussetzung für die Entwicklung des modernen Klaviers. Zuvor stellte jeder Hersteller alle Teile der Mechanik selbst her, und dabei waren der Verfeinerung der Konstruktionen und der Produktionsmethoden natürlich durch die geringen Stückzahlen enge Grenzen gesetzt. Spezialbetriebe konnten bessere Mechaniken zu einem weit geringeren Preis liefern, und so setzte sich diese Aufgabenverteilung bald durch. Dutzende von Mechanikfabriken versorgten die Klavierindustrie mit Mechaniken, die zwar nach den Maßangaben der Hersteller, aber aus standardisierten Teilen gebaut waren. Heute ist es im Prinzip nicht anders, nur ist die Zahl der Anbieter viel geringer. Allerdings besitzt eine Reihe von großen Klavierherstellern in Asien und Amerika eigene Mechanikfabriken, die nur für das jeweilige Fabrikat produzieren. Bei den in Europa produzierten Klavieren kommen

Mechaniken von Herrburger Brooks in Großbritannien (unter dem Namen Langer), von Tofa im tschechischen Albrechtice und eben von Renner in Stuttgart zum Einsatz.

Das darf man sich nun allerdings nicht so vorstellen, daß die fertige Mechanik mit einigen Handgriffen im Klavier montiert wird. Die Mechanik kommt beim Klavierhersteller gewissermaßen als Rohling an. Sie hat noch keine Hämmer und Dämpfer, die erst im Verlauf der Fertigung des Instruments eingefügt werden. Ebenso wie die Klaviatur, die von manchen Klavierfabriken selbst produziert, von vielen aber auch in ähnlicher Weise wie die Mechanik zugekauft wird, bedarf die Mechanik noch einer Unzahl von Handgriffen, bis sie Ihren Dienst im Instrument verrichten kann. Wenn es so weit ist, ist die Klaviermechanik auch kein beliebig auswech-

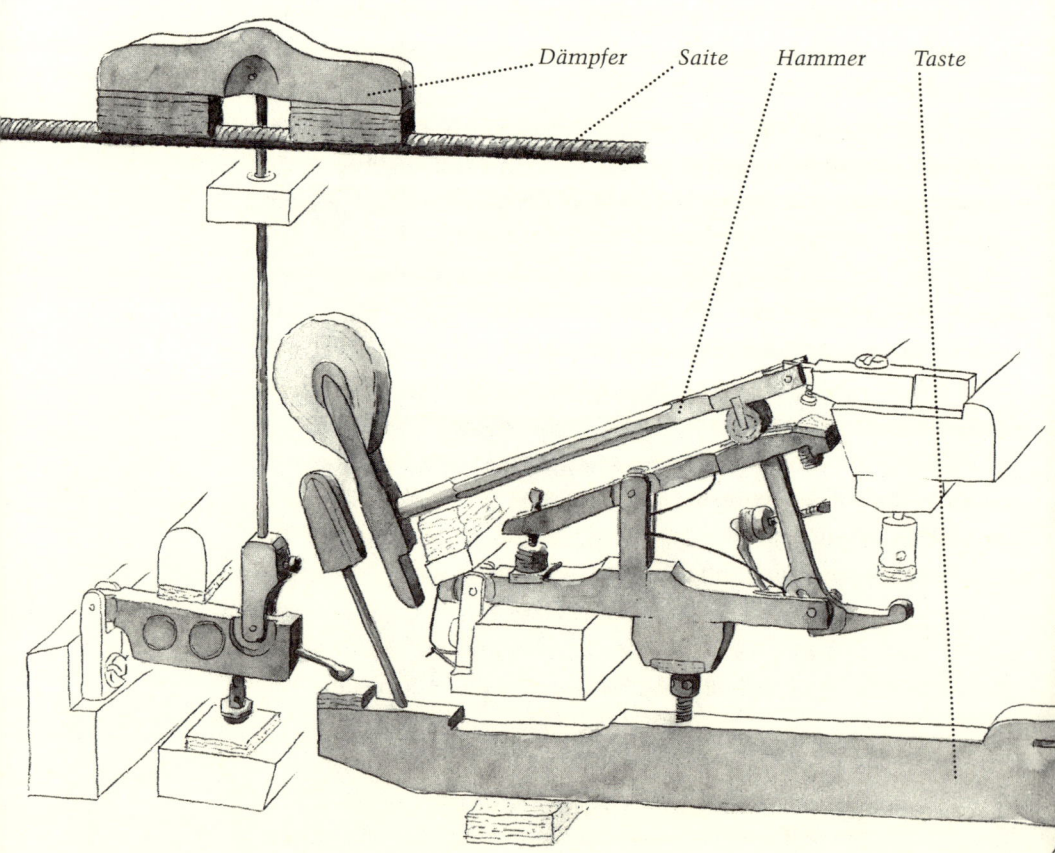

Dämpfer   Saite   Hammer   Taste

Die Flügelmechanik

selbares Bauteil mehr, denn im Verlauf der Fertigung wird sie an die Gegebenheiten des einzelnen Instrumentes so genau angepaßt, daß man sie nicht mehr mit der eines anderen vertauschen könnte.

So wichtig eine hochwertige Mechanik ist, kommt es aber für die Spielart und Zuverlässigkeit des Instruments doch noch auf eine ganze Reihe von weiteren Gegebenheiten an. Der gleiche Mechaniktyp kann in einem Instrument eine wunderbar anschmiegsame, im nächsten eine höchst mittelmäßige Spielart haben. Selbst die Dauerhaftigkeit des ganzen Mechanismus hängt zu einem großen Teil davon ab, ob der Klavierhersteller die Hebelverhältnisse bei der Verbindung von Klaviatur und Mechanik zweckmäßig gestaltet und gewisse Regeln beim Einbau beachtet hat. Der langen Rede kurzer Sinn: Der Hinweis auf bestimmte Bauteile oder Konstruktionsmerkmale ist gut und schön, hilft dem Käufer aber nicht sehr viel weiter. Beim Klavier kommt es letzten Endes immer auf das Zusammenwirken all der vielen Einzelteile an, und das ist durch die Verwendung der besten Bauteile und Werkstoffe allein noch keineswegs garantiert.

Zu guter Letzt ist noch über das Gehäuse zu sprechen. Wie kaum   *Gehäuse*
ein anderes Instrument sind ja Klavier und Flügel neben ihrer musikalischen Funktion gleichzeitig auch Möbelstücke, die häufig an bevorzugter Stelle im Wohnbereich aufgestellt werden und sich deswegen auch in das Bild der übrigen Einrichtung einfügen sollen. Gewiß wäre es nicht gut, ein Instrument einzig auf Grund seiner äußeren Erscheinung auszuwählen, aber allzu viel Anspruchslosigkeit ist wohl auch nicht am Platze, wenn es um einen Gegenstand geht, den man dann viele Jahre lang unübersehbar vor Augen hat. Eine gewisse Vorsicht ist allerdings angebracht, wenn es um gar zu modische Ausführungen geht. So etwas mag im Augenblick gefallen, aber während der langen Lebensdauer eines Klaviers kommt dann zwangsläufig auch eine Zeit, in der gerade dieser Stil außer

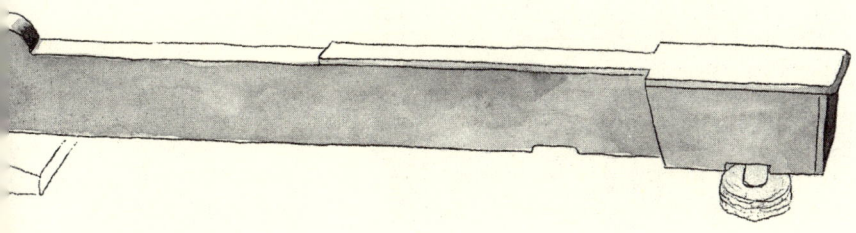

Kurs gerät. Die nächste oder übernächste Nostalgiewelle wird den Anblick vielleicht wieder attraktiv erscheinen lassen, aber in der Zwischenzeit durchlaufen solche »Exoten« meist eine Phase geringer Popularität. Klassisch schlichte Gestaltungen sind dem Wandel der Geschmäcker natürlich weit weniger ausgesetzt.

Grundverschieden ist selbstverständlich der Aufbau des Gehäuses bei Klavier und Flügel. Die gebogene Flügelwand, die die Raste des Flügels umschließt, wird heute fast immer aus verleimten Furnierschichten hergestellt. Nur vorne im Bereich der Klaviatur hat das Instrument einen Boden, der Stuhlrahmen genannt wird, der hintere Teil des Flügels ist nach unten hin offen, so daß der Schall von der Unterseite des Resonanzbodens austreten kann. Die drei Füße des Instruments, die immerhin ein beträchtliches Gewicht zu tragen haben, sind so am Korpus befestigt, daß die Verbindung einerseits stabil, andererseits aber leicht lösbar ist, denn zum Transport müssen die Füße abgenommen und der Flügel hochkant gestellt werden. Gleiches gilt für die sogenannte Lyra, an der die Pedale befestigt sind. (Der Name Lyra hat sich bis heute erhalten, weil dieses Teil früher tatsächlich oft die schmückende Form einer Lyra hatte.) An der langen Seite der Gehäusewand ist der zweiteilige Deckel mit Scharnieren befestigt, er kann zum Spielen aufgeklappt und mit einer Deckelstütze hochge-

Gußplatte

Resonanzboden

Dämpfer

Flügel von oben

stellt werden. Die Klappe über der Klaviatur vervollständigt das Gehäuse, zu dem man noch das über dem Stimmstock eingeschobene Notenpult zählen kann. Das Flügelgehäuse ist in seiner Grundform schlicht und funktional, und fast immer beläßt man es auch dabei. Dekorative Elemente, die gelegentlich angebracht werden, wirken meist »aufgeklebt« und unecht, solche Gehäuseausführungen sind daher wohl zu Recht nicht sonderlich beliebt.

Beim aufrechten Klavier sind normalerweise nur die Seitenwände fest mit dem Klangkörper verbunden. Alle anderen Teile sind durch geschraubte oder gesteckte Verbindungen befestigt, die bei Bedarf gelöst werden können. Der Stuhlrahmen, der die Klaviatur trägt, ist mit den Seitenbacken verschraubt. Von unten ist der Sockel angeschraubt, aus dem vorne die Pedale ragen. Das Gehäuse wird abgeschlossen durch den Unterrahmen, die Klaviaturklappe, Oberrahmen und Deckel. Nach Aufklappen des Deckels können die Gehäuseverkleidungen in der Regel ohne Zuhilfenahme von Werkzeugen demontiert werden. Der Oberrahmen wird nach Lösen von zwei seitlich innen angebrachten Befestigungen herausgenommen. Auch die Klappe ist meist leicht zu entfernen, nur bei manchen Instrumenten müssen dazu einige Schrauben gelöst werden. Der Unterrahmen wird oft durch eine unter dem Stuhlrahmen befestigte Feder gehalten, wenn man diese hochdrückt, kann man ihn nach vorn herausnehmen. Gelegentlich findet man hier auch hölzerne Vorreiber oder andere Befestigungsvarianten.

Die klassische Pianoform ist gekennzeichnet durch kurze Füße *Die klassische* an der Unterseite der Seitenwände, die durch dekorative Konsolen *Pianoform* mit dem Stuhlrahmen verbunden sind. Diese Pianos haben meist Rollen, die das Instrument um etwa drei bis vier Zentimeter an-

Schnitt durch die Stimmstockpartie eines Flügels

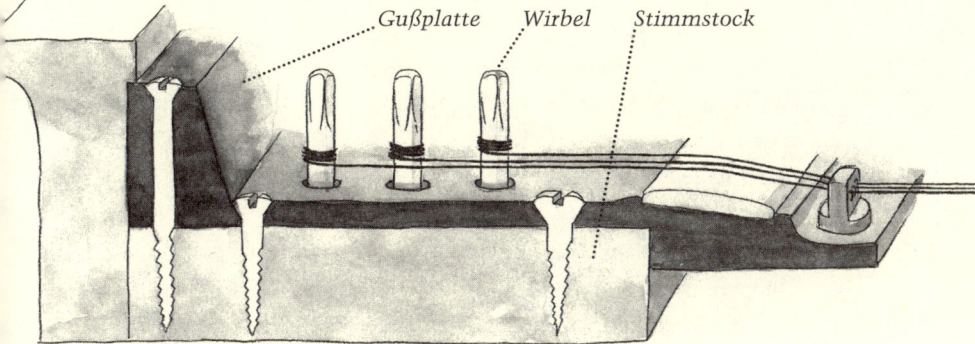

Gußplatte   Wirbel   Stimmstock

heben. Schlichtere moderne Gehäuseformen, die man häufig bei kleineren Klavieren antrifft, verzichten normalerweise auf diese Zutaten. Viel Sinn haben die Rollen ohnehin nicht, denn bei den meisten Bodenbelägen wird man es nicht riskieren, das Klavier mit ihrer Hilfe zu bewegen.

Deckel

Unterschiedlich kann auch der Deckel gestaltet sein. Traditionell ist er geteilt, der hintere Teil ist auf der Oberkante der Raste aufgeleimt, der vordere mit einem langen Scharnier angeschraubt. Oft ist der Deckel aber auch in einem Stück gearbeitet, die Scharniere sind dann an der Rückseite des Instruments befestigt. Eine innen angebrachte kurze Deckelstütze ermöglicht es häufig, den Deckel hochzustellen, so daß der Schallaustritt zum Spieler hin verstärkt wird. Manchmal wird der Deckel auch mit einem Scharnier an der Gehäusewand befestigt und öffnet sich nach der Seite. Das soll den Eindruck eines Flügeldeckels erwecken, was meist noch durch eine entsprechend geformte Deckelstütze hervorgehoben wird. Diese ansonsten absolut funktionslose Anordnung erweist sich spätestens dann, wenn das Klavier zum Stimmen geöffnet werden soll, als die bei weitem unpraktischste von allen.

Oberflächen

Soviel zu den Unterschieden zwischen Klavier- und Flügelgehäuse. Gemeinsam ist beiden natürlich die Gestaltung der Flächen, die auf den erstem Blick das Aussehen des Instruments bestimmt. Ein beträchtlicher Anteil wird heute wieder mit schwarz polierten Oberflächen geliefert, die bereits am Beginn unseres Jahrhunderts sehr beliebt waren. Zuvor waren Pianos und Flügel meist in den jeweils gerade im Möbelbau bevorzugten Holzarten furniert worden, in Deutschland vorwiegend Nußbaum und manchmal Palisander, in England häufig Mahagoni. Geschnitzte und gedrechselte Verzierungen sowie Leuchter und Griffe aus Messing sorgten für ein prunkvolles Äußeres. Nach dem ersten Weltkrieg wurden die Gehäuse dann schlichter, und dunkel gebeiztes Eichenfurnier war häufiger zu sehen.

All diese Gehäuseformen werden heute wieder aufgegriffen. In den ersten Jahrzehnten nach dem Zweiten Weltkrieg herrschte dagegen eine betont moderne Gehäusegestaltung vor. Das damals beliebte Kleinklavier war entweder ganz schmucklos, oder es entlehnte seine dekorativen Elemente dem Möbelstil der Nierentischzeit. Schwarz gab es fast nicht mehr, überwiegend waren die Flächen in hellem Nußbaum oder Eichenholz furniert. Auch die Flügel, bei denen der Anteil an schwarzen Gehäusen lange Zeit sehr viel höher war als bei den Klavieren, wurden in diesen Jahren häufig mit furnierten Gehäusen geliefert.

Gegenwärtig haben, wie schon gesagt, bei den aufrechten Klavieren die schwarzen Gehäuse einen recht hohen Anteil, bei den Flügeln ist diese Ausführung fast ausschließlich anzutreffen. Es ist aber heute nicht mehr die Schellackpolitur vergangener Zeiten, die die Instrumente schwarz glänzen läßt. Moderne Polyesterlacke sorgen für einen Spiegelglanz, der früher unerreichbar gewesen wäre. Gleichzeitig sind diese Flächen praktisch unempfindlich gegen verschüttete Flüssigkeiten und andere Einwirkungen, die eine Schellackpolitur unweigerlich zerstören würden. Dafür muß man es wohl in Kauf nehmen, daß der perfekte Hochglanz etwas steril und künstlich wirkt. Ein nicht zu verschweigender Nachteil ist auch, daß Reparaturen an diesen Oberflächen, die etwa aufgrund von Kratzern oder angestoßenen Ecken erforderlich werden, meist einen recht großem Aufwand mit sich bringen. Viel einfacher ist das bei furnierten Instrumenten, die mit herkömmlichem Mattlack auf Zellulosebasis behandelt sind.

Wenden wir uns nun noch dem zu, was sich unter dem Lack verbirgt. Fast nur noch bei teuren Spitzeninstrumenten trifft man den früher üblichen Aufbau an, bei dem ausschließlich Massivholz und Furniere verwendet werden. Die Wandungen bestehen dann im Inneren aus dem sogenannten »Blindholz«, meist Weichholz wie Fichte oder Pappel, das nach außen durch eine oder besser noch zwei Lagen Furnier verkleidet ist. Größere Flächen, wie der Ober- und Unterrahmen des Klaviers, wurden in der Regel tatsächlich als Rahmen mit Füllungen gebaut, worauf heute nur noch die Namen dieser Teile hinweisen. Durch diese Konstruktion beugte man der Gefahr des Verziehens und Reißens vor, die bei größeren Holzflächen immer gegeben ist. Besonders heikel war die Herstellung der Flügeldeckel, die sich unter keinen Umständen verziehen dürfen.

Gehäusematerialien

Heute ist diese traditionelle Bauweise weitgehend durch die Verwendung von modernen Plattenwerkstoffen verdrängt worden. Tischler- und Furnierplatten haben noch große Ähnlichkeit mit der herkömmlichen Konstruktionsweise. Seit den sechziger Jahren wurden mehr und mehr Spanplatten als Blindholz verwendet, und in letzter Zeit ist die MDF-Platte (Mitteldichte Faserplatte) auf dem Vormarsch. Der Vorteil dieser Werkstoffe liegt neben dem günstigeren Preis darin, daß sich Wuchsunregelmäßigkeiten des Holzes nicht mehr an der lackierten Oberfläche zeigen können. Gerade der spiegelnde Polyesterlack zeigt solche Fehler unbarmherzig. Nachteilig ist dagegen das höhere Gewicht der aus diesen Platten gefertigten Gehäuseteile. Das Hochstellen des Deckels kann da bei einem größeren Flügel leicht zum schweißtreibenden Kraftakt werden. Auch die geringe Festigkeit quer zur Flächenausdehnung kann ein Problem sein. Spanplatten und MDF-Platten haben zwar harte und stabile Oberflächen, aber ein einziger Schlag auf die Kante vermag ein solches Gehäuseteil unreparierbar zu zerstören. Wenn nicht durch besondere Vorkehrungen wie etwa Massivholzumleimer oder eingeleimte Holzleisten Abhilfe geschaffen wird, dann haben die Schrauben, mit denen die Scharniere und andere Beschläge angebracht werden, in diesen Platten nur schlechten Halt und können leicht ausbrechen.

Kostengründe und der Wunsch nach möglichst makellosem Aussehen der Flächen haben bei manchen Fabrikaten dazu geführt, daß kleinere Gehäuseteile komplett aus Kunststoff hergestellt werden. Schon aus diesem Grund geben insbesondere japanische und koreanische Hersteller dem einheitlichen Schwarz den Vorzug vor furnierten Gehäuseausführungen, die sich für diese Art von Rationalisierungsmaßnahmen kaum eignen.

Auch in klanglicher Hinsicht kann die heute übliche Bauart Nachteile haben. Eine eigentliche akustische Funktion hat das Gehäuse zwar nicht, aber es wirkt doch, beim Klavier mehr als beim Flügel, auf die Klangbildung und -abstrahlung ein. Die Gehäuseteile, die sich zwischen Spieler und Resonanzboden befinden, filtern und dämpfen den Schall, der vom Resonanzboden ausgeht. Besonders beim Klavier ist der Klang gewissermaßen vom Gehäuse eingeschlossen, da es oft mit der Rückseite direkt an der Wand steht. Schwere Plattenmaterialien, die womöglich noch mit millimeterdickem Polyester beschichtet sind, dämp-

Ein reichverziertes Pianogehäuse
aus der Zeit um die Jahrhundertwende

fen den Schall wesentlich stärker als leichtere Wandungen aus massivem Holz. Beim Flügel ist es auffällig, wie allein schon das Aufstellen des Notenpultes das Klangbild für den Spieler verändert.

Besonders ärgerlich ist eine andere Klangwirkung, die insbesondere von polyesterlackierten Teilen ausgeht. Diese Lackflächen sind, wie schon bemerkt, außerordendlich hart. Wo mehrere Teile aufeinanderstoßen und somit Lack auf Lack trifft, besteht immer die Gefahr von knarrenden oder scheppernden Geräuschen. Das Knarren tritt auf, wenn sich Teile gegeneinander verschieben, wozu unter Umständen schon die Belastung durch das Treten der Pedale genügt.

Klirrende oder scheppernde Geräusche können entstehen, wenn lose aufeinanderliegende Flächen durch Schwingungen in Resonanz geraten. Nach Möglichkeit versucht man, solche störenden Geräusche durch das Anbringen von Filzscheiben oder Gummipuffern an den besonders gefährdeten Stellen zu unterbinden, was aber nicht immer dauerhaft und vollkommen gelingt.

In jüngster Zeit tauchen auch im Zusammenhang mit dem Klavier immer

*In den zwangiger Jahren
bevorzugte man schlichtere Formen*

Modernes Kleinpiano

mehr Begriffe mit der Vorsilbe »Öko« auf. Naturgemäß stehen dabei die im Gehäuse verarbeiteten Materialien im Vordergrund. In der Tat verströmen neue Klaviere nicht selten einen recht aufdringlichen »chemischen« Geruch, der durchaus geeignet ist, Ängste in dieser Richtung zu nähren. In den letzten Jahren hat eine Reihe von Firmen Modelle auf den Markt gebracht, deren Gehäuseteile aus Massivhölzern bestehen und bei denen die Oberflächen ausschließlich mit natürlichen Wachsen oder Ölen behandelt sind. Sicher ist das eine überlegenswerte Variante, zumal damit auch einige der oben beschriebenen Nachteile der sonst üblichen Materialien vermieden werden. Noch weiter geht ein kleinerer deutscher Klavierhersteller, der Sondermodelle speziell für Allergiker anbietet. Bei diesen wird auf die Verwendung einer Reihe von bekannten Problemstoffen völlig verzichtet.

Gleichfalls eine recht neue Erscheinung sind Instrumente, die mit Namenszusätzen wie »Quiet Time«, »Silent Piano« oder »Any Time« angeboten werden. Mit ihnen wird eine Brücke zwischen dem akustischen Klavier und der elektronischen Welt der Keyboards geschlagen. Es handelt sich um ansonsten völlig normal gebaute Piano- und Flügelmodelle, die über eine zusätzlich in die Mechanik eingebaute Vorrichtung verfügen, mit der die akustische Klangerzeugung völlig abgeschaltet wird, ohne die normale Beweglichkeit der Tasten zu behindern. Man hört dann, sei es über Kopfhörer oder eine angeschlossene Verstärkeranlage, die Klänge eines eingebauten Digitalpianos.

Diese Kombination verspricht einige Vorzüge. Gegenüber einem üblichen Digitalpiano hat sie den Vorteil, daß auch bei elektronischem Betrieb die Spielart der normalen Klaviatur erhalten bleibt. Gerade da liegt nämlich die Schwäche der meisten elektronischen Pianos, die aus Kosten- und wohl auch aus Gewichtsgründen über recht unschön zu spielende Tastaturen verfügen.

Man kann also mit einem solchen Zusatz jederzeit üben, ohne die Mitbewohner und Nachbarn zu stören und muß dabei doch nicht auf das gewohnte Spielgefühl verzichten. Somit bietet sich diese neue Technik auch als Alternative zum Moderator an, der den Klang zwar dämpft, aber das Instrument keineswegs unhörbar macht, dabei jedoch die Spielart deutlich verschlechtert.

Zu bedenken ist dabei natürlich, daß elektronische Gerätschaften allen gemachten Erfahrungen nach ein weit früheres »Verfallsdatum« haben als das gute alte Klavier. Man wird also damit rechnen müssen, daß letzteres den modernen Einbau überlebt und dieser dann vielleicht für einige Jahrzehnte nur noch nutzloses Beiwerk ist. Glücklicherweise beeinträchtigen die Zusatzgeräte die Funktion des Klaviers nicht grundsätzlich. Im Zusammenhang mit dem Einbau der mechanischen Stummschaltung werden wohl bisweilen Kompromisse bei den Reguliermaßen der Mechanik gemacht, aber das kann gegebenenfalls jederzeit korrigiert werden.

Vom Kleinklavier bis zum Konzertflügel

Einer Geige wird der Laie es kaum ansehen, ob es sich um ein Schülerinstrument für wenige hundert Mark oder eine kostbare alte Stradivari handelt. Zu gering sind die äußeren Unterschiede, auch wenn klanglich Welten dazwischen liegen mögen. Auch bei anderen Instrumenten ist der Unterschied zwischen bescheidenen und herausragenden Exemplaren nicht so leicht an Äußerlichkeiten zu erkennen.

Ganz anders beim Klavier. Zwar gibt es auch da natürlich Unterschiede in der Qualität, die man nicht auf Anhieb von außen erkennen kann. Aber in welcher Klasse gespielt wird, das erkennt man schon an der Größe des Instruments. Zudem gibt es mit Flügel und Klavier zwei grundverschiedene Bauformen mit unterschiedlichen Ansprüchen und Möglichkeiten. Beiden Varianten ist gemeinsam, daß das klangliche und spieltechnische Potential zwar nicht ausschließlich, aber doch zu einem erheblichen Teil von der Größe des Instruments abhängt.

Wo professionell musiziert wird, sei es im Konzert oder bei Tonaufnahmen, da kommt in aller Regel ein Konzertflügel zum Einsatz. Als solche bezeichnet man Flügel mit einer Gesamtlänge von knapp unter bis etwas über drei Metern. Unangefochtener Marktführer in diesem Bereich ist das Modell D von Steinway & Sons. Es ist 274 cm lang, das sind ziemlich genau 9 amerikanische Fuß. Etwas größer ist das Modell »Imperial« von Bösendorfer. Es ist 290 cm lang und zudem breiter als alle seine Konkurrenten. Als einziges derzeit gefertigtes Fabrikat überschreitet Bösendorfer nämlich den ansonsten üblichen Tonumfang von 88 Tasten (7 1/4 Oktaven). Der »Imperial« hat volle 8 Oktaven und reicht vom C_2 bis zum c^5. Rekordhalter in der Länge ist gegenwärtig das 308 cm lange Flügelmodell des italienischen Herstellers Fazioli.

Einsatz von Konzertflügeln

Etwas kürzer als ein typischer Konzertflügel, aber immer noch eine Nummer größer als das, was man üblicherweise in Privatwohnungen antrifft, ist eine Größenklasse, die manchmal als »Halbkonzertflügel« bezeichnet wird. Man rechnet dazu die Instrumente, die länger als etwa 220 cm sind.

Je mehr man sich den populäreren Größen nähert, desto größer und verwirrender wird die Anzahl der zu hörenden Bezeichnungen. Stutzflügel müßte man eigentlich alles nennen, was deutlich kleiner ist als ein Konzertflügel. Meist bezeichnet man damit Instru-

Stutzflügel

mente bis etwa 180 cm Länge. Die kürzesten derzeit angebotenen Flügel sind etwa 150 cm lang, und damit ist, zumindest in den meisten Fällen, die Grenze des musikalisch noch sinnvollen bereits unterschritten. Zeitweise waren jedoch auch noch kleinere Modelle bis unter 120 cm Gesamtlänge auf dem Markt. In Amerika prägte man für besonders kleine Flügel die treffende Bezeichnung »Baby Grand«. Zwischen Stutzflügel und Halbkonzertflügel ist der Salon-

Salonflügel

flügel angesiedelt. Seine Länge liegt etwa bei 200 cm.

Eine Abstufung nach der Größe gibt es auch beim aufrechten Klavier. Hier ist es die Höhe, die für die klangliche Substanz und demnach auch für den musikalischen Wert von entscheidender Bedeutung ist.

Klaviere über 130 cm Höhe werden manchmal als Konzertkla-

Konzertflügel

viere bezeichnet. Das ist natürlich eine gut gemeinte Übertreibung, denn niemand würde wohl ohne Not ein Piano für eine öffentliche Darbietung heranziehen. Klaviere unter 100 cm, die in den Nachkriegsjahren zeitweise einen recht hohen Anteil hatten, werden heute kaum noch angeboten. Als Kleinklavier kann man daher ein Instrument bis etwa 110 cm Höhe bezeichnen.

Die Qual der Wahl

Es gibt Kleinwagen und Luxuskarossen, Autos, die sich fast jeder leisten kann und solche, deren Erwerb und Unterhalt für Normalsterbliche unerschwinglich sind. Ein Blick in die Preislisten der Klavierhersteller zeigt, daß es bei deren Produkten nicht viel anders ist. Der Unterschied ist, daß es bei der Anschaffung eines Klaviers offensichtlich viel schwerer ist, sich über seine Wünsche und Ansprüche klarzuwerden. Wer nicht so genau weiß, was er überhaupt haben will, der kann natürlich auch nicht entscheiden, ob das Angebotene den Anforderungen entspricht. Entsprechend hilflos und unbefriedigend verlaufen oft Verkaufs- und Beratungsgespräche im Klaviergeschäft. Hat der klavierinteressierte Musikfreund den Laden betreten (was manchem schon nicht leicht fällt, da immer noch viele Geschäfte den Eindruck vermitteln, man müsse zuerst eine Eignungsprüfung absolvieren), dann naht schon die nächste Hürde. Mangels anderer Kriterien landet das Gespräch schnell bei der leidigen Frage: »An welche Preislage hatten sie denn gedacht?«

Nun muß man zugeben, daß der Klavierverkäufer nicht gerade eine leichte Aufgabe hat. Im Gegensatz zum Autohändler vertritt er nicht nur eine Marke, sondern vielleicht ein halbes Dutzend oder noch mehr. Deren Angebote liegen teils in verschiedenen Marktbereichen, teils konkurrieren sie auch miteinender. Der Kunde, der den Vertreter einer gewissen Stuttgarter Automarke aufsucht, gibt allein schon damit zu erkennen, in welche Richtung seine Wünsche gehen und daß das entsprechende Preisniveau zumindest kein unüberwindliches Hindernis darstellt. So sicher ist die Ausgangslage beim Klavierkäufer meist keineswegs. Für viele ist die Unsicherheit sogar noch viel größer, weil sie selbst nicht oder noch nicht Klavier spielen und sich schon deshalb nicht zutrauen, die Erklärungen des Verkäufers zu bewerten und eine Enscheidung zu treffen.

Nicht viel Hilfe ist von den Werbeprospekten der Hersteller zu erwarten, in denen allemal die unvergleichlichen Eigenschaften der Instrumente hervorgehoben werden. Da ist zum Beispiel die Rede von einem »Klangpotential, das seinesgleichen sucht«, von »harmonischer Tonvielfalt und einem Obertonreichtum, der unnachahmlich ist«. Das fragliche Fabrikat ist solide gemacht und wohl seinen Preis wert, seine klanglichen Qualitäten können aber bei allem guten Willen höchstens in die Mittelklasse eingeordnet werden. Ein anderer Hersteller beschreibt die bei seinen Instrumenten verwendeten Stimmwirbel so: »Unsere rostfreien, lockerungsbeständigen Stifte weisen spiralförmige Nuten auf, die das Stimmen erleichtern.« Das ist nun wirklich ausgemachter Unsinn, zudem ist bei der Qualität der Wirbel tatsächlich kein bedeutsamer Unterschied zwischen guten und schlechten Klavieren festzustellen. Derlei substanzloses Geschwätz erfreut sich aber bei den Marketingexperten offensichtlich größter Beliebtheit, denn man findet es in den Werbeschriften der Klavierhersteller aller Preisklassen. Vielleicht bewirkt es bisweilen sogar das Gegenteil von dem, was damit beabsichtigt ist. Wenn ein mittelmäßiges Instrument über den grünen Klee gelobt wird, dann könnte der ahnungslose Käufer ja schließlich denken, ein so einzigartiges Meisterwerk sei für einen Klavierspieler von bescheidenen Fähigkeiten und Ambitionen viel zu schade und er könne ruhig etwas preiswerteres wählen.

Das mag nun so klingen, als sei der Kauf eines Klaviers eine Art von Glücksspiel, bei dem der Käufer ziemlich schlechte Karten hat. Aber keine Angst, so schlecht sind die Aussichten nicht. Man staunt immer wieder, mit welcher Treffsicherheit auch Nichtfachleute ein gutes von einem schlechten Instrument unterscheiden können, wenn sie es erst einmal geschafft haben, ihren Ohren und Händen mehr zu trauen als den Einflüsterungen mehr oder weniger wohlmeinender Ratgeber.

Das erste Ergebnis einer unvoreingenommemen Prüfung des Angebotes ist kaum überraschend. Es gibt offensichtlich gute und schlechte Klaviere, und es ist gar nicht so schwer, sie voneinander zu unterscheiden.

Die zweite Erkenntnis dämmert bald jedem, der einmal das einfachste Stück, ja selbst nur ein paar Töne oder Akkorde der Reihe nach auf verschiedenen Instrumenten gespielt hat: Man braucht keineswegs ein Klaviervirtuose zu sein, um von einem guten Instrument zu profitieren. Im Gegenteil, gerade für den Anfänger ist es eine große Belastung, wenn das Instrument dem Musikgenuß gar zu große Hindernisse entgegensetzt.

Es gilt also, auszuwählen, ein Instrument zu finden, das den Ansprüchen des Spielers entspricht, und zwar auch noch dann, wenn in ein paar Jahren die Spielfertigkeit als Lohn für das hoffentlich fleißige Üben gewachsen ist. Nicht selten stellt sich nämlich einige Jahre nach dem Kauf eines Klaviers Unzufriedenheit ein, die ihre Ursache in der anwachsenden Diskrepanz zwischen dem pianistischen Können und den Qualitäten des Instruments hat. Entgegen einer verbreiteten Meinung wird kein Klavier und kein Flügel durch die andauernde Benutzung besser. Alterung und mechanischer Verschleiß hinterlassen ihre Spuren, allerdings in sehr unterschiedlichen Maßen. Ist bei einem guten und dauerhaften Instrument noch nach Jahrzehnten kein merklicher Qualitätsverlust zu verzeichnen, so kann für weniger solide Exemplare schon nach einigen Jahren die Stunde geschlagen haben. Die folgenden Überlegungen und Hinweise sollen eine kleine Hilfe sein, die richtige Wahl zu treffen.

Für viele wird sich die Frage bereits aus praktischen Gründen gar nicht stellen, hier sei sie aber doch als erste behandelt: Flügel oder Klavier? *Flügel oder Klavier?*

Läßt man einmal die Kaufpreise außer acht, die meist da beginnen, wo die Klavierpreise enden, dann spricht nicht wenig für die Anschaffung eines Flügels. Sein Platzbedarf ist zwar größer, aber da man ihn frei im Raum aufstellen kann und er damit nicht auf die meist knappe Stellfläche an der Wand angewiesen ist, läßt er sich oftmals sogar besser unterbringen als ein Klavier. Die Länge des Flügels ist dabei natürlich von entscheidender Bedeutung. Einen Flügel mit einer Länge über etwa 210 cm wird man nur in Ausnahmefällen für eine Privatwohnung auswählen.

Wer sich zur Anschaffung eines Flügels entschließt, der wird dafür in mehrfacher Hinsicht belohnt. Zunächst ist es ganz einfach ein völlig anderes Gefühl, mit freiem Blick in den Raum an einem Flügel zu sitzen und nicht, wie beim Klavier, ständig gegen die Wand sehen zu müssen. Besonders beim kammermusikalischen Zusammenspiel ist es ein nicht zu unterschätzender Vorteil, wenn man den oder die Partner sehen kann. Klanglich und spieltechnisch setzt der Konzertflügel des Profipianisten die Maßstäbe, und daher ist es eigentlich selbstverständlich, daß die kleineren Flügelmodelle im Vergleich mit dem Klavier meist die Nase vorn haben. Die Spielart der Pianomechanik unterscheidet sich, bedingt durch die ganz andere Konstruktion, stets von der des Flügels. Selbst wenn sie, was nicht selten vorkommt, leichter zu spielen ist, wird man doch in der Regel der größeren Präzision und Ausdrucksfähigkeit der Flügelmechanik den Vorzug geben. Andere Abmessungen, insbesondere die geringere Länge und ungünstigere Form der Tastenhebel, machen aber bei kleinen Flügeln Abstriche an den mechanischen Qualitäten unvermeidlich.

Der Klang   Ähnlich verhält es sich mit dem Klang. Generell gilt hier, daß Länge beziehungsweise Größe durch nichts zu ersetzen ist. Optimale Verhältnisse bietet der knapp drei Meter lange Konzertflügel, alle kleineren Instrumententypen erfordern in der Konstruktion Kompromisse, die, wenn auch durchaus unterschiedlich gravierend, immer zu hören sind. Es ist aber nicht nur die Größe, insbesondere die Länge der Baßsaiten, die die Bauweise des Flügels akustisch so vorteilhaft macht. Daß die Form des Flügelresonanzbodens, der den geschwungenen Linien des Instruments folgt, in akustischer Hinsicht besser ist als die rechteckige Form beim Klavier, ist eine Tatsache, die hier nicht im einzelnen erläutert werden kann. Jedoch wird es jedem einleuchten, daß die Lage des Klangkörpers frei im Raum von vornherein eine bessere Klangentfaltung ermöglicht als es beim Klavier der Fall ist, dessen Resonanzboden vom Gehäuse und der Wand abgeschirmt wird. Wie klingt wohl eine HiFi-Anlage, wenn man sie in einen Holzkasten einschließt?

Viel spricht also für einen Flügel, und zwar mehr für einen größeren als für einen kleinen. Wo ist aber die Grenze zu ziehen, unterhalb derer man sich besser für ein aufrechtes Klavier entscheidet? Die Antwort auf diese Frage erfordert einige Erläuterungen über die Bedeutung der Größe eines Instruments für seine klanglichen Qualitäten.

Mit Größe ist dabei beim Klavier vorzugsweise die Höhe, beim Flügel dagegen die Länge gemeint, denn diese sind jeweils entscheidend für die Länge der Saiten, die der Konstrukteur unterbringen kann. Die klingende Saitenlänge eines Tones hängt ja von der Tonhöhe ab. Hohe Töne erfordern kurze, tiefe Töne lange Saiten. Beim fünfgestrichenen c, dem höchsten Ton bei den meisten Klavieren und Flügeln, beträgt sie etwa 50 mm, wobei die anzutreffenden Abweichungen nur wenige Millimeter betragen. Nach unten hin steigen die Saitenlängen dann stetig an, wobei die jahrhundertelange Erfahrung im Klavierbau zwar nicht zu allgemeingültigen

Standards, aber doch zu gewissen Grundtypen bei den Saitenmaßen geführt haben. Die Gesamtheit der Saitenlängen und -durchmesser, die der Konstruktion eines Klaviers oder Flügels zugrunde liegen, wird in der Fachsprache als Mensur bezeichnet. Die Mensur ist ein wichtiges Merkmal, in dem sich einzelne Modelle und auch Marken unterscheiden.

Von den erwähnten 50 mm beim höchsten Ton wächst die Mensurlänge nach unten von Ton zu Ton an. In der Mittellage beträgt sie zum Beispiel für das a^1, das ist der Ton der Stimmgabel, etwa zwischen 38 und 44 cm. Es ist also völlig klar, daß in dieser Lage die Saitenlänge noch nichts mit der Größe des Gehäuses zu tun hat. Sie wird vom Konstrukteur ausschließlich nach klanglichen Gesichtspunkten bestimmt, kann also gegebenenfalls bei einem Kleinklavier länger sein als bei einem Konzertflügel. Anders sieht die Sache schon eine Oktave tiefer aus. Zu erwarten ist hier eine Saitenlänge bis über 80 cm, und da kann es schon kritisch werden, zumal nicht die gesamte Ausdehnung des Gehäuses für die klingende Saitenlänge zur Verfügung steht. Je nach Länge des Flügels oder Höhe des Klaviers ist also ab der unteren Mittellage eine Kürzung der Saitenlängen im Vergleich zu den beim Konzertflügel anzutreffenden Idealmaßen nötig. Die Saiten der tiefsten Töne, die bei den größten Flügeln weit über zwei Meter lang sind, müssen schon arg zurechtgestutzt werden, wenn ein Kleinklavier nur wenig höher als ein Meter werden soll. Durch dickere Kupferbespinnung der Baßsaiten läßt sich zwar ein Ausgleich schaffen, aber der geht stets auf Kosten der Klangqualität. Gar zu kurze und dicke Saiten klingen nicht nur dumpf und unschön, sie lassen sich auch nur ungenau stimmen. Besonders bei manchen unachtsam konstruierten Kleinklavieren der Wirtschaftswunderzeit wurde da schwer gesündigt, so daß in extremen Fällen die musikalische Brauchbarkeit in Frage gestellt ist.

Die Größe des Instruments bestimmt also die Länge der Baßsaiten, aber man sollte genau wissen, was man da vergleicht. Beim Flügel muß man zunächst von der Gesamtlänge etwa 20 cm für die Tastatur abziehen, um zu einem Maß zu gelangen, das der Höhe des Klaviers entspricht. Ganz stimmt das aber auch nicht, denn beim Klavier sind die Saiten üblicherweise stärker gekreuzt als beim Flügel, so daß man etwas längere Baßsaiten unterbringen kann. Umgekehrt bewirken die hohen Rollen bei Konsolenklavieren, daß die akustisch wirksame Gesamthöhe etwa 5 cm geringer ist als die vom Boden ab gemessene. Die klanglichen Möglichkeiten verschiedener Instrumente lassen sich also anhand der Gehäusemaße stets nur annähernd abschätzen, zumal natürlich neben den Saitenlängen noch eine ganze Reihe von anderen Faktoren eine Rolle spielt.

Die Frage, wo für den Kleinflügel die kritische Untergrenze liegt, läßt sich daher auch nur in der Tendenz beantworten. Unterhalb einer Gesamtlänge von etwa 150 cm dürfte ein hohes Klaviermodell bei sonst gleichem Qualitätsstandard das Rennen für sich entscheiden. Es gibt allerdings einige wenige Flügelmodelle, die in dieser Größenklasse wirklich verwöhnten Ansprüchen genügen. Viel größer ist aber die Zahl derer, bei denen sich auf Grund gar zu vieler Kompromisse kein rechter Musikgenuß mehr einstellen will. Ab

einer Flügellänge von etwa 180 cm kann man dagegen in der Regel von einer deutlichen Überlegenheit gegenüber dem aufrechten Klavier ausgehen. Dabei ist natürlich vorausgesetzt, daß das Instrument die Möglichkeiten, die ihm von seiner Baugröße her gegeben sind, auch ausschöpft. Selbstverständlich ist das nicht, und gerade beim Flügel sollte man da besonders kritisch sein. Es mag vielleicht gute Gründe geben, sich zunächst mit einem Klavier von bescheidenen Qualitäten abzufinden, aber für einen mittelmäßigen oder gar schlechten Flügel gibt es kaum eine Rechtfertigung.

Nehmen wir an, die Wahl sei aus wohlüberlegten Gründen zugunsten des aufrechten Klaviers getroffen worden. Nun stellt sich die Frage, für welche Bauart und Größe man sich entscheiden soll. Wiederum ist dies nicht zuletzt eine Preisfrage, denn innerhalb der nach Bauhöhe abgestuften Modellreihen der Hersteller sind allemal die höheren Klaviere auch die teureren. Dagegen spielt, im Gegen-

Wahl eines aufrechten Klaviers

satz zum Flügel, die Größe kaum eine Rolle für die Plazierung des Klaviers. Die Stellfläche unterscheidet sich bei den verschiedenen Modellgrößen kaum, und die Höhe braucht man schließlich nur dann zu beachten, wenn das Instrument unter einer Dachschräge stehen soll. Im allgemeinen gilt, daß zwar ein größeres Klavier einem kleineren vorzuziehen ist, man sich aber keinesfalls nur von diesem Kriterium leiten lassen darf. Extrem kleine Konstruktionen mit einer Bauhöhe von weniger als einem Meter, bei denen generell mit erheblichen Einbußen in Klang und Spielart gerechnet werden muß, werden glücklicherweise heute kaum noch gebaut. Beim Vergleich zwischen klassischen Modellen mit Konsolen, die etwa ab 120 cm Höhe angeboten werden, und den kleineren Ausführungen mit »moderner« Gehäuseform ist zu bedenken, daß bei ersteren die Rollen mit rund 4 cm zu Buche schlagen, der Unterschied in der Höhe der akustischen Anlage also dementsprechend gar nicht so groß ist. Älteren Klavieren in hoher Bauweise wird oft aufgrund ihrer Größe ein besonderes Klangvolumen nachgesagt. Überprüft man die Sache einmal mit dem Zentimetermaß, dann stellt man fest, daß unsere Altvorderen mit dem Platz häufig recht verschwenderisch umgegangen sind. Der Kampf mit den Tücken des Kleinklaviers hat dazu geführt, daß manches 115 cm hohe Instrument heute bessere akustische Voraussetzungen mitbringt als viele Klaviere der Vorkriegszeit, die meist um die 15 cm höher sind.

Gehäusemaße   Neben der Höhe spielen aber auch die anderen Gehäusemaße eine Rolle für die technische und musikalische Brauchbarkeit eines Klaviers. Die Tiefe des Gehäuses entscheidet darüber, wie lang die Tasten sein können. Zwar sind die Abmessungen der Klaviatur in dem Teil, der für den Spieler sichtbar ist, mehr oder weniger gleich. Für die Spielart wichtig ist aber auch die Gesamtlänge der Tastenhebel. Die einzelnen Tasten sind zweiarmige Hebel, deren Drehpunkt je nach Tiefe der Klaviatur mehr oder weniger nahe an der Stelle liegt, die der Spieler berührt. Daher ist der Kraftaufwand beim Niederdrücken der Tasten um so größer, je weiter in Richtung Drehpunkt man den Finger aufsetzt. Es ist also ein Unterschied, ob man eine Taste nahe der Vorderkante oder weiter hinten anschlägt. Dieser Unterschied ist bei kurzen Tasten stärker zu spüren als bei längeren. Kurze Tasten sind auch deswegen von Nachteil, weil die auftretenden seitlichen Kräfte die Tastenführungen stärker belasten und deswegen zu mehr Reibung und schnellerem Verschleiß führen. Wenn ein kleines Klavier sehr breit gebaut ist, um durch stark

gekreuzten Saitenbezug möglichst lange Saiten zu erhalten, dann
führt das meist zu einer ungünstigen Form der Tastenhebel, bei der
dieser Nachteil besonders zu Tage tritt.

Das alles soll aber, wie bereits angedeutet, nun nicht dazu ver-
führen, einzig nach dem Zentimetermaß zu urteilen. Zu groß sind
die Qualitätsunterschiede zwischen den einzelnen Marken und Modellen. Ein kleineres, aber qualitativ besseres Instrument kann
einem größeren im Einzelfall durchaus überlegen sein.

Das führt uns zum wichtigsten und zugleich schwierigsten Auswahlkriterium: Die technischen und musikalischen Qualitäten, die
dem Instrument von seinem Erbauer mit auf den Weg gegeben wurden. Aus den vorangegangenen Erläuterungen wurde klar, daß es
beim Klavier zwar verschiedene Bauarten und Größenklassen gibt,
die angewandten Konstruktionsprinzipien zwischen den einzelnen
Fabrikaten aber meist nicht so auffällig voneinander abweichen,
daß man daraus eine Kaufempfehlung ableiten könnte. Ganz falsch
wäre aber der naheliegende Schluß, daß man nun getrost irgend ein
Instrument von passender Größe und Farbe kaufen kann, da die
Unterschiede ohnehin nicht so bedeutend sind. Das Gegenteil ist
richtig.

Das wichtigste
Auswahlkriterium

Tatsächlich gibt es krasse Unterschiede in der Qualität der Mate-
rialien und der Sorgfalt der Verarbeitung, die sich auch deutlich in
Klang, Spielart und Dauerhaftigkeit der Klaviere und Flügel äußern.
Es ist allerdings auch für einen Fachmann nicht immer leicht, diese
Unterschiede ohne weiteres auszumachen, um so schwerer ist es
also für einen Laien.

Klangqualität ist ein Gesichtspunkt, der sich bei genügender
Sorgfalt bei der Begutachtung von Instrumenten im Laden einigermaßen sicher beurteilen läßt. Zwar spielt auch die Raumakustik
eine Rolle, und im eigenen Wohnzimmer mag das ausgewählte
Instrument anders klingen als im Klaviergeschäft. Aber dadurch
wird aus einem guten Klavier kein schlechtes und schon gar nicht
umgekehrt. Eine gewisse Anpassung an den Raum und den Ge-
schmack des Spielers ist auch im Nachhinein durch die sogenannte
»Intonation« möglich. Dabei werden die Filze der Hämmer mit
einer Nadel bearbeitet, um den Härtegrad des Materials und damit
die Klangfarbe und Lautstärke der Töne zu verändern.

Klangqualität

Auch die Spielart, deren subjektive Wahrnehmung allerdings
ganz entscheidend auch vom Klangbild abhängt, läßt sich durch
sorgfältigen Vergleich mehrerer Instrumente ganz gut einschätzen.

Ein recht heikles Thema ist dagegen die Material- und Verarbeitungsqualität. Eigentlich erwartet man von einem Klavier, daß es Generationen überdauert. Tatsächlich aber trennt sich schon nach weniger als einem Jahrzehnt die Spreu vom Weizen. Das ist der Punkt, bei dem man sich in erster Linie auf die kompetente Beratung im Klaviergeschäft verlassen muß. Der Fachmann, der täglich mit Instrumenten verschiedensten Alters umzugehen hat, weiß am ehesten, welche Probleme im Laufe der Zeit auftreten können und bei welchen Fabrikaten man eher vorsichtig sein sollte. Schon aus dieser Überlegung heraus genießen die wenigen Markeninstrumente, die schon seit Jahrzehnten mehr oder weniger unverändert gebaut werden, einen Vertrauensvorschuß vor den Erzeugnissen anderer Hersteller, die in rascher Folge neue Konstruktionen und manchmal auch jeweils gleich neue Markennamen unter die Leute bringen.

Einen Anhaltspunkt liefert uns natürlich schon der Kaufpreis. Die billigsten derzeit angebotenen Klaviere kosten weniger als 3 000 Mark, während die Modelle der auch auf dem Konzertpodium erfolgreichen Spitzenfabrikate weit mehr als das zehnfache kosten können. Klaviere aus deutscher Produktion rangieren zumeist in der Preisklasse über 10 000 Mark. Noch größer ist die Spanne bei Flügeln, wo die billigsten wenig mehr als 10 000, die Konzertflügel der großen Marken aber mehr als 150 000 Mark kosten.

Diese Preisunterschiede kommen nicht von ungefähr, und schon gar nicht kann man sie auf die unterschiedlich ausgeprägte Geldgier der Klavierhersteller schieben. Tatsächlich verhalten sich die Unterschiede im Fertigungsaufwand entsprechend. Das unterschiedliche Lohnkostenniveau in den Herstellerländern spielt bei den qualitativ empfehlenswerten Modellen keine so große Rolle, wie man annehmen könnte. Japanische Instrumente gelten nunmehr seit Jahrzehnten als preiswert und solide gebaut, und das nicht zu Unrecht. Der Preisvorteil schwindet jedoch mehr und mehr, und diese Entwicklung zeigt sich sogar auch schon bei den koreanischen Herstellern, die in der Qualität in den letzten Jahren Fortschritte gemacht haben, aber auch entsprechende Kostensteigerungen zu verkraften haben. Preisvorteile ergeben sich durch die sehr einfachen, auf preiswerte Massenfabrikation ausgelegten Gehäuse der asiatischen Hersteller, die allerdings auch kaum auf individuelle Kundenwünsche eingehen können. Beim Preisvergleich mit diesen Anbietern muß man außerdem berücksichtigen, daß unterschied-

liche Preisklassen innerhalb des Angebotes einer Marke in viel stär-
kerem Maße als bei europäischen Herstellern auch unterschiedliche
Qualitäten repräsentieren. Das Spektrum ist einfach größer, es kann
vom handwerklich nach traditioneller Art gebauten Spitzeninstru-
ment bis zum Einfachstfabrikat reichen, das in Konstruktion und
Herstellungsweise nichts mit den Spitzenmodellen der gleichen
Marke zu tun hat. Meist ist nicht einmal das Herkunftsland das
selbe, denn hohe Lohnkosten zwingen japanische Hersteller bereits
dazu, zur Fertigung der preiswerteren Instrumente in asiatische
Billiglohnländer oder – man glaubt es kaum – in die USA auszuweichen.

Eine große, manchmal natürlich auch verwirrende Auswahl bieten europäische Klavierhersteller ihren Kunden an. Nach wie vor
gibt es Dutzende von Klavierfabriken. Die größte Vielfalt hat sich,
trotz eines andauernden Konzentrationsprozesses, die deutsche Klavierindustrie bewahrt. Es gibt handwerklich arbeitenden Betriebe,
die mit fünfzig oder hundert Mitarbeitern wenige hundert Klaviere
im Jahr bauen, aber auch größere Hersteller, die, häufig mit einem
erstaunlichen produktionstechnischen Aufwand, jährlich mehrere
tausend Instrumente fertigstellen. Allgemein wird von Fachleuten
in aller Welt anerkannt, daß Klaviere aus deutscher Produktion
durchweg hohen Qualitätsansprüchen genügen. Das mag im Vergleich stimmen, sollte aber nicht zur Kritiklosigkeit verleiten. Fehl-
leistungen gibt es selbstverständlich überall, wenn sie natürlich
auch ab einem gewissen Niveau nicht mehr so einfach zu erkennen
sind. Hier ist, wie gesagt, fachlicher Rat unentbehrlich.

In diesem Zusammenhang sind vielleicht ein paar Worte über   *Markennamen*
die Bedeutung der Markennamen angebracht, auf die der Klavierkäufer natürlich immer wieder aufmerksam gemacht wird. Aus den
dutzenden von Marken, die zur Zeit im Handel angeboten werden,
einzelne herauszugreifen und zu bewerten, wäre wohl zu riskant,
deshalb sollen einige allgemeine Bemerkungen zu diesem Thema
genügen.

Wenn man die Prospekte der Klavierhersteller durchsieht, findet
man nicht eben selten den Hinweis auf das ehrfurchterweckende
Alter einzelner Fabrikate, Hoflieferantentitel aus alter Zeit, Medail-
len, Zeugnisse berühmter Pianisten und dergleichen mehr. Das ist
schön und gut, und manchmal verbergen sich hinter dieser traditi-
onsbetonten Fassade tatsächlich Unternehmen, die seit Generationen im Familienbesitz sind und die auch technisch und musika-

lisch die Kontinuität mit ihrer ruhmreichen Vergangenheit wahren. Mindestens ebenso oft sind es aber auch Anbieter, die mit dem Markennamen, den sie auf irgendeine Weise erworben haben, in keiner Weise verbunden sind. Nicht selten werden sogar die Namen von ehedem bekannten Klavierherstellern heute als Handelsmarken verwendet, und hinter dem altehrwürdigen Schriftzug verbirgt sich ein billiges Importklavier aus Asien oder Osteuropa. Der Verwendung von deutsch klingenden Phantasienamen durch ausländische Hersteller stehen wettbewerbsrechtliche Hürden entgegen, aber gerade der Gebrauch altbekannter Markennamen ist juristisch meist nicht zu beanstanden. Wenn eine Klavierfabrik es schafft, über viele Jahrzehnte einen hohen Qualitätsstandard zu halten, und dieser Umstand im Laufe der Zeit im Bewußtsein der Verbraucher mit dem Namen des Herstellers verbunden wird, dann wird man diesem den dadurch erlangten Wettbewerbsvorteil sicher von Herzen gönnen. Für den Laien, der mit den sich ständig wandelnden Verhältnissen in der Klavierbranche nicht vertraut ist, ist es aber nicht einfach, solche Firmen von anderen zu unterscheiden, die zwar vielleicht auch keine üblen Instrumente anbieten, aber hinsichtlich ihrer Geschichte und edlen Herkunft einfach nur die Werbetrommel rühren. Man halte sich also im Zweifelsfall doch lieber an das, was man sieht und hört.

Sehr viel klarer liegen die Dinge am unteren Ende des Marktspektrums. Seit einigen Jahren etabliert sich da ein Instrumententyp, der in Qualität und Preis alles bisher gewohnte zu unterbieten scheint. Die Erläuterungen hierzu müssen leider ausführlicher ausfallen als die vorangegangenen, da dem Käufer hier die größte Gefahr droht, gründlich hereinzufallen.

Ein Blick zurück in der Geschichte des Klavierbaues bestätigt schnell das alte Sprichwort, daß es nichts Neues unter der Sonne gibt. Die folgende kleine Zitatensammlung aus mehr als zweihundert Jahren ließe sich beliebig vermehren: *Aus der Geschichte des Klavierbaues*

J. Adlung, 1768:

>»… abgesehen von den billigen (Klavichorden), die gut zum Feuer dienen, wenn man Fische kochen will.«

Carl Kützing, 1844:

>»Man ist sehr im Irrtum, wenn man glaubt, daß die Menge deutscher Pianos, welche bereits nach Amerika geliefert wurden, ein

Maßstab der Vortrefflichkeit derselben sei. Der größte Teil derselben wird ja selbst in Deutschland als die schlechteste Arbeit betrachtet, und von deutschen Händlern und Musiklehrern nur wegen der Wohlfeilheit nach Amerika bezogen, um Gewinn zu machen. Eine Anzahl dieser Chaudrons geht, wie ich mich selbst überzeugt habe, schon zu Grunde, ehe sie an den Ort ihrer Bestimmung gelangt, und bedarf einer Reparation, die mehr kostet, als das Instrument werth ist. Hierdurch wird erklärbar, warum der Amerikaner die deutschen Pianos so verachtet.«

Alfred Dolge, 1911:

»Es ist leicht zu verstehen, daß Hale seine Klaviere weit unter dem Selbstkostenpreis hochwertiger Instrumente verkaufen konnte und trotzdem einen guten Profit machte. Diese revolutionären Methoden trugen ihm die bittere Feindschaft seiner Konkurrenten von der alten Schule ein. Hale machte unbeirrt weiter und argumentierte, daß die Hersteller von erstklassigen Klavieren ihn zu Unrecht anfeindeten, da er mit seinen Preisen das Klavier in die Reichweite der Arbeiterklasse bringe. Wenn es einmal dort eingeführt sei, würde von zehn Käufern seiner billigen Klaviere mindestens einer sich innerhalb von zehn Jahren zu einem guten Spieler entwickeln, der dann nicht eher zufrieden sei, bis er ein gutes Instrument besäße.«

Zeitungsanzeige, ca. 1880:

»Ein feines Piano aus Berlin auf dem hiesigen Bahnhof angekommen, ist sofort billig zu verkaufen. Reflektanten erhalten dasselbe auf Probe und wollen sich sogleich wenden an die Fabrik…«

Zeitungsanzeige, 1993:

»Ein wirklich gutes, fabrikneues Piano mit Röslau-Saiten und Renner-Hämmern, mahagoni-mattiert, 3 Pedalen, volle 7 1/4 Oktaven, DM 2800,–«

Thomas Kurrer (Fachverband der Klavierindustrie), 1994:

»Nur derjenige Kunde wird sich für ein qualitativ hochstehendes Produkt entscheiden, der nicht von dem Einsteigermodell in allerkürzester Zeit frustriert ist.«

Fast nahtlos fügen sich die Äußerungen aus verschiedenen Epochen aneinander, und man stößt in der Vergangenheit immer wieder auf Stellungnahmen und Argumente, die aus den Diskussionen der Gegenwart vertraut sind. Da ist einerseits die Klage des versierten Fachmannes über die schlechte Qualität billiger Instrumente, deren Untergang schon beim Verlassen der Fabrik abzusehen ist, andererseits der Hinweis auf die Tatsache, daß vielen Interessenten einfach die Mittel fehlen, ein hochwertiges Instrument zu kaufen. Und immer wieder trifft man, alle fachlich begründeten Ermahnungen spielend überwindend, die verlockende Aussicht, ein wenigstens brauchbares Instrument zu einem Bruchteil des üblichen Preises zu erwerben.

An Fürsprechern mangelt es den billigen Klavieren heute nicht, und meist wird behauptet, daß deren Qualität für einfache Ansprüche, etwa die eines Anfängers im Klavierspiel, durchaus genüge. Häufig wird mit besonderen Maßnahmen zur Verbesserung der Instrumente geworben, etwa die Mitarbeit eines deutschen Konstrukteurs oder der Verwendung von Materialien und Bestandteilen westeuropäischer Herkunft. Durch die niedrigen Löhne in den (mehr oder weniger östlich gelegenen) Herkunftsländern könne der Preis dennoch so niedrig gehalten werden. Üblich ist auch die Angabe, daß hiesige Techniker die importierten Instrumente einer genauen Kontrolle unterzögen und durch Nachregulierung der Mechanik, Intonation und Stimmung eine wesentliche Qualitätsverbesserung herbeiführten. Den jeweiligen Konkurrenten um die Gunst des Käufers wird dabei meist unterstellt, daß sie die Klaviere so auslieferten, wie sie den Container verließen, so daß diese trotz gleicher Herkunft und ähnlichem Preis dann doch weniger zu empfehlen seien.

Was ist nun tatsächlich von den derzeit in großer Zahl angebotenen Pianos der untersten Preisklasse zu halten? Freilich ist es schwer, überhaupt verbindliche Kriterien für eine Beurteilung festzulegen, denn manchmal mag des einen Eule des anderen Nachtigall sein. Aber da man sich bei solchen Instrumenten auf der Ebene der Ästhetik vernünftigerweise sowieso in größter Bescheidenheit übt und allenfalls Anforderungen technischer Art stellt, wird es doch erlaubt sein, einige immer wieder gemachte Beobachtungen wiederzugeben.

Wirklich von Grund auf schlecht sind diese Klaviere nicht unbedingt, wenigstens soweit es die Konstruktionen betrifft. Hierin unterscheiden sie sich in gewisser Weise von den billigen Klavieren vergangener Jahre, die oft schon im Entwurf mißraten waren. Das ist auch durchaus verständlich, wenn man sich die Produktionsbedingungen vergegenwärtigt. Früher wurden Instrumente der unteren Qualitätsklassen häufig von kleineren und kleinsten Herststellerfirmen auf den Markt gebracht, während die besten Fabrikate in recht großen Fabriken hergestellt wurden. Das heutige Billigklavier ist dagegen ein ausgesprochenes Massenprodukt, bei dem die Kosten des Entwurfs für den Stückpreis keine große Rolle spielen. Bedeutend kritischer wird die Sache beim Material, also in erster Linie den verwendeten Hölzern und bei Bestandteilen wie Klaviatur und Mechanik. Insbesondere die Mechaniken sind in der Regel von so miserabler Qualität, daß man die häufig beschworenen Techniker, die die Instrumente hierzulande für den Verkauf vorbereiten sollen, nur von Herzen bedauern kann. Eine »schulmäßige« Einregulierung der Mechanik ist aufgrund der vorgefundenen Hebelverhältnisse oft gar nicht möglich, so daß sich die Nothilfe darauf beschränken muß, irgendwie trotz aller Widrigkeiten doch noch das Funktionieren aller Tasten zu gewährleisten. Gewiß entstehen auch dann noch Töne, wenn man sich nicht so genau an die üblichen Reguliermaße hält, und manchen Fehler kann man mit einem anderen ausgleichen – zumindest für den Augenblick. Aber eine hochwertige Mechanik, die mit einer scheinbar an Pedanterie grenzenden Genauigkeit auf die vorgegebenen Bewegungsabläufe einreguliert ist, wird auch noch nach Jahren zuverlässig ihren Dienst tun. Wenn das Spielwerk dagegen schon im neuen Zustand gerade nur eben so funktioniert, dann genügt schon die kleinste Veränderung, um ein Versagen zu verursachen. Solche Veränderungen sind bei den vielen verwendeten organischen Materialien unvermeidlich und treten natürlich bei schlechter Holzqualität und billigen Filz- und Ledersorten besonders in Erscheinung.

Auch bei der akustischen Anlage gibt es einige typische Mängel, die immer wieder zu beobachten sind. Klirrende oder taube Baßsaiten sind vielleicht noch das kleinste Übel, da hier wenigstens theoretisch die Möglichkeit der Abhilfe besteht, wenn auch die Erneuerung zahlreicher Saiten den für die Verbesserung des Instruments vorgesehenen Etat überschreiten würde. Im Rahmen der routinemäßigen Durchsicht kaum zu beheben sind dagegen Ungenauigkeit in der Lagerung der Saiten, also vor allem schlecht ausgestochene Stege und lockere Stegstifte. Auch hier gilt, daß sorgloses

Vorgehen bei der Produktion in kürzester Zeit zu unbezahlbaren Reparaturen führen kann, wenn etwa, wie in einem dem Verfasser kürzlich begegneten wenige Jahre alten russischen Piano, die Stege der Länge nach gerissen sind und das Instrument dadurch nicht mehr stimm- und auch nicht mehr spielbar ist. Eine dauerhafte Behebung von derart grundlegenden Qualitätsmängeln ist von einer wenige Stunden in Anspruch nehmenden Überarbeitung vor dem Verkauf nicht zu erwarten. Allenfalls ist es möglich, die schlimmsten Symptome provisorisch zu verdecken, aber dadurch verwandelt sich ein armseliges Klavier nicht in ein gutes Musikinstrument.

Oft hört man, wenn billige Instrumente angepriesen werden, das Argument, das »Preis-Leistungs-Verhältnis« stimme. Das kann natürlich gegebenenfalls heißen, daß diese Produkte zwar nichts taugen, dafür aber entsprechend billig sind. Die Erfahrung spricht allerdings sehr dafür, daß der Kauf eines hochwertigen Klaviers sich auch unter wirtschaftlichen Gesichtspunkten als höchst vernünftig herausstellt. Nur wenn eine Lebensdauer von Jahrzehnten gewährleistet ist, kann man bei einem privat genutzten Klavier von Wirtschaftlichkeit sprechen, und diese qualitative Mindestanforderung erfüllen die Angebote der untersten Preisklasse derzeit nicht.

In diesem Kapitel war nun viel von allen möglichen Klavieren die Rede, von kleinen, großen, guten und weniger guten. Am Ende soll aber doch die andere Hauptperson der Geschichte stehen, die nämlich, für die es bestimmt ist. Der- oder diejenige wird aber beim Klavierkauf seltener zu Rate gezogen, als man denken möchte. Sehr oft sind es ja die Kinder, für deren beginnenden oder schon fortgeschrittenen Klavierunterricht das Instrument angeschafft werden soll. Auch wenn die letzte Entscheidung natürlich bei den Eltern liegt, sollte man die künftigen Pianisten unbedingt in den Auswahlprozeß mit einbeziehen. Selbst wenn es nur einfache Sachen sind, ist es sehr empfehlenswert, die Noten der gerade gespielten Stücke ins Klaviergeschäft mitzubringen und auch davon Gebrauch zu machen. Manche Kinder haben eine gewisse Scheu davor, vor fremden Leuten zu spielen, aber nach Möglichkeit sollte man sie doch dazu ermuntern.

Entscheidung der Kinder

Was für die Kleinen gilt, kann man den Erwachsenen selbstverständlich genauso empfehlen. Viel zu selten gehen die Kunden im Klaviergeschäft von Instrument zu Instrument, um durch eigenes Spiel die Vorzüge und Nachteile der verschiedenen Modelle zu erkunden. Stattdessen läßt man sich vom Klavierverkäufer etwas vorspielen. Schwerlich wird man dabei herausfinden, wie man selbst mit dem einen oder anderen Klavier zurechtkommt. Im besten Fall dient dieses Vorspielen dazu, dem Hörenden die Ansichten und Vorlieben des Spielenden plausibel zu machen. Nicht viel anders ist es, wenn man selbst sachkundige Freunde oder Bekannte mitbringt. Für jemanden, der absolut noch keine Note spielen kann, mag das eine gewisse Beruhigung sein, und überhaupt fühlt man sich in Begleitung natürlich sicherer. Auch beim Klavierkauf bestätigt sich aber, daß man meist so viele Meinungen hört, wie man Leute fragt, so daß man sich nicht allzu viel Hoffnung auf eine wirkliche Entscheidungshilfe machen sollte.

Wer irgend kann, sollte also selbst spielen. Leider fällt es vielen schwer, in der unvertrauten Umgebung die nötige Unbefangenheit zu bewahren. Wer sich nur darauf konzentriert, keine Fehler zu machen und sich nicht zu blamieren, der wird kaum etwas von dem Klavier wahrnehmen, auf dem er gerade spielt. In einem guten Klaviergeschäft sollte es aber kein Problem sein, auf Wunsch auch einmal ungestört und ohne fremde Zuhörer zu spielen.

Die Minuten oder Stunden im Klaviergeschäft sind für die meisten Musikliebhaber die einzige Möglichkeit, Instrumente verschiedener Marken und Qualitätsklassen im unmittelbaren Vergleich zu prüfen. Vom Ergebnis der Auswahl hängt es ganz entscheidend ab, ob Freude oder Enttäuschung das spätere Musizieren bestimmen, und schließlich steht ja auch eine ansehnliche Summe auf dem Spiel. Der Klavierkauf bietet unter anderem auch eine einmalige Gelegenheit zum Sammeln von wertvollen Erfahrungen mit unterschiedlichen Instrumenten, und die sollte man nicht leichtfertig verstreichen lassen.

Neu oder gebraucht?

Bei einem so kostspieligen und dabei bekannt langlebigen Gegenstand wie dem Klavier taucht unweigerlich auch die Frage nach dem Kauf eines Gebrauchtinstrumentes auf.

Das ist keineswegs abwegig, denn ein gutes Instrument ist bei angemessener Pflege und nicht zu strapaziösem Gebrauch oft auch noch nach Jahren oder Jahrzehnten in durchaus annehmbarem Zustand. Falsch ist allerdings die häufig gehegte Vermutung, daß ein Klavier grundsätzlich das ewige Leben habe und man daher bedenkenlos alles kaufen dürfe. Auch hier gilt es, zu unterscheiden. Zudem ist der Fall, daß ein wirklich tadelloses Instrument zu einem ausgesprochen günstigen Preis verkauft wird, nicht so häufig, daß man nur dem Glück vertrauen könnte.

Im Gegensatz zu anderen Konsumgütern werden Klaviere kaum nur deswegen ersetzt, weil sie ein gewisses Alter erreicht haben. Anlaß für den Verkauf eines Klaviers ist meist entweder der Kauf eines besseren, oder die Tatsache, daß es einfach nicht mehr benötigt wird. Im ersten Fall darf man damit rechnen, daß das alte Klavier sicher irgendwelche Mängel hatte, während im zweiten Fall die Möglichkeit eines günstigen Kaufes immerhin näher rückt. Die Frage ist nur, wie kommt man dazu?

In vielen Fällen, und wahrscheinlich sind es nicht die schlechtesten, führt Mundpropaganda im Bekanntenkreis Käufer und Verkäufer zusammen. Günstig ist dabei, daß im allgemeinen wohl Hemmungen bestehen, jemanden aus der näheren Umgebung »über den Tisch zu ziehen.« Anders ist das schon, wenn Kleinanzeigen den Kontakt vermitteln. In jedem Fall ist es empfehlenswert, das ins Auge gefaßte Instrument gründlich zu überprüfen, denn bedenkliche Mängel an älteren Exemplaren sind nicht gerade selten. Ein gebrauchtes Klavier kann ein Jahr alt sein oder auch mehr als hundert. Daher ist es nötig, das Spektrum der möglichen Angebote an dieser Stelle etwas gründlicher unter die Lupe zu nehmen. Seit nunmehr gut einem Jahrhundert werden Klaviere und Flügel gebaut, die unseren heutigen in der Konstruktion und den musikalischen Möglichkeiten entsprechen. (Ältere Bauformen, die heute nicht mehr geschätzt werden, haben sich aber noch länger gehalten und sind nicht selten unter den angebotenen Gebrauchtinstrumenten zu finden.) Ihren Höhepunkt erreichte die Klavierproduktion in Westeuropa etwa zwischen der Jahrhundertwende und dem Ersten Weltkrieg. Nie wieder wurden so viele Klaviere gebaut, und so kommt es, daß man unter den angebotenen Gebrauchtinstrumenten zwar viele sehr alte, aber kaum jemals eine kostbare Rarität findet. Im Gegenteil, auch heute noch ist es fast leichter, ein Klavier aus Urgroßmutters Zeiten zu erwerben, als eines, das erst zehn oder fünfzehn Jahre alt ist.

Oft hört man die Vermutung, daß es bei Klavieren sicher genauso sei wie bei Geigen, die doch auch mit den Jahren immer wertvoller würden. Das ist in mehrfacher Hinsicht falsch. Erstens werden auch Geigen nicht zwangsläufig immer besser und teurer. Zumindest bedarf es aufmerksamer Pflege, damit ein an sich schon hervorragendes Instrument mit den Jahren an Qualität gewinnt. Eine billige Schülergeige bleibt dagegen im besten Fall das, was sie am Anfang war. Beim Klavier kommt dazu, daß es zu einem beträchtlichen Teil aus komplizierter Mechanik besteht, die mit dem Alter keineswegs besser wird. Drei Dinge sind es vor allem, die an den Qualitäten eines Instrumentes zehren, nämlich Verschleiß, Alterung und schädliche Einwirkungen von außen.

Verschleiß und Wartung

In den ersten ein oder zwei Jahrzehnten eines Instruments steht der Verschleiß meist im Vordergrund. Bei viel gespielten Klavieren nutzen sich die Leder- und Filzpolster der Mechanik ab. Insbesondere die Hammerkopffilze zeigen mit der Zeit an den Stellen, wo sie die Saiten treffen, Rillen oder gar tiefe Einschnitte. Unter diesen Verschleißerscheinungen leiden sowohl Klang als auch Spielart. Die Beseitigung solcher Beeinträchtigungen ist durchaus möglich. Abschleifen oder Erneuern der Hammerkopffilze, Austausch von abgenutzten Filz- und Ledergarnierungen und das genaue Einregulieren der Mechanik zählen zu den normalen Wartungsarbeiten, die je nach Intensität des Gebrauchs von Zeit zu Zeit vorgenommen werden müssen. Eine Generalüberholung der Mechanik, die nach jahrzehntelanger Benutzung irgendwann unumgänglich ist, ist vor allem wegen des hohen Arbeitsaufwandes nicht billig, lohnt aber bei einem guten Instrument in der Regel.

Länger dauert es, bis die Alterung der im Klavier eingesetzten Materialien sich bemerkbar macht. Insbesondere sind es auch hier die Leder- und Filzteile, die im Laufe der Zeit brüchig und mürbe werden. Das im Instrument verbaute Holz überdauert zwar im Grunde problemlos viel längere Zeiträume, als wir sie hier betrachten. Ausgelöst durch die unvermeidlichen Schwankungen der Luftfeuchtigkeit und das damit einhergehende Quellen und Schwinden des Materials kann es aber an wichtigen Bauteilen zu Rissen kommen, die die Funktion ernsthaft beeinträchtigen. Gleichfalls wächst mit den Jahren die Gefahr, daß Leimfugen sich lösen, was sehr ernste Schäden verursachen kann. Bei Instrumenten, die älter als fünfzig Jahre sind, ist es fast schon die Ausnahme, wenn der Resonanzboden völlig frei von Rissen ist. Das muß nicht das Ende eines ansonsten schönen Stückes sein, sollte beim Kauf aber berücksichtigt werden. Viel schlimmer sind Risse im Holz des Stimmstocks *Risse in* oder in den Stegen, da sie die Verwendbarkeit des Instruments *Stimmstock und Stegen* unmittelbar bedrohen. Wenn die Stimmwirbel oder die Stegstifte keinen Halt mehr haben, dann ist im ersten Fall die Stimmhaltung, im zweiten der Klang des Klaviers ruiniert. Reparaturen an all diesen Teilen sind möglich, aber auf jeden Fall sehr kostenaufwendig.

Gefährliche Einwirkungen von außen sind in erster Linie Schädlingsbefall, meist durch Motten oder Mäuse, häufig aber auch verschüttete Flüssigkeiten aus Blumenvasen oder Trinkgefäßen, die in das Innere eindringen und dort große Schäden verursachen können. Mottenfraß an den Filzteilen, die stets aus Wolle bestehen, kann eine Mechanik so stark zerstören, daß eine Reparatur nicht mehr rentabel ist. Auch die anderen genannten Einflüsse führen, ebenso wie Schäden am Gehäuse, oft zu kostspieligen Reparaturen.

Kauft man ein gebrauchtes Klavier aus Privathand, dann muß man den gegebenenfalls notwendigen Aufwand für die Instandsetzung von vornherein berücksichtigen, ebenso wie die Transport- *Transport* kosten, die meist mehrere hundert Mark betragen werden. Vom Klaviertransport in Eigenhilfe ist abzuraten, da dieser normalerweise auch mit Kosten verbunden ist und dabei erhebliche Risiken für das Instrument, die durchquerten Treppenhäuser und auch die Gesundheit der Beteiligten birgt.

Anders sieht die Sache aus, wenn man ein solches Instrument vom Klavierhändler erwirbt. Die Kaufbedingungen sind dann meist die gleichen wie beim Neukauf, das heißt, daß die Lieferung frei Haus erfolgt und der Händler auch eine Gewährleistung übernimmt. Schon deshalb muß der Preis natürlich höher sein. Im seriösen Handel wird man ohnehin keine Klavierruinen antreffen, wie sie von privat und auch von manchen windigen Geschäftsleuten nicht selten angeboten werden. Dagegen findet man aufwendig generalüberholte Klaviere und Flügel, die dann natürlich auch ihren Preis haben. Viele Klavierhändler sind selbst ambitionierte Klavierbauer, weshalb man auf diesem Wege oft liebevoll restaurierte Instrumente erwerben kann, deren allerdings nicht geringer Preis kaum höher ist, als die Kosten der Instandsetzung. Ein weiterer Grund für das generell höhere Preisniveau im Fachhandel ist die Mehrwertsteuer, die beim Verkauf von Privat an Privat nicht anfällt.

Ein gebrauchtes Klavier

Fachlicher Rat beim Kauf eines Gebrauchtklaviers wäre sicher sehr nützlich, ist aber in der Praxis nur schwer zu erlangen. Natürlich sollte man das Gutachten eines Klavierbauers einholen, ehe man für mehrere zehntausend Mark einen gebrauchten Steinway kauft, und die Kosten für diese Dienstleistung werden in einem solchen Fall zu verschmerzen sein. Aber wenn man ein preiswertes Instrument sucht und in der Samstagsausgabe der Zeitung vielleicht ein halbes Dutzend interessant erscheinende Angebote aufgestöbert hat, dann kann man natürlich kaum in Begleitung des Fachmannes kreuz und quer durch die Gegend fahren und die einzelnen Instrumente besichtigen.

Hundertprozentige Sicherheit ist ohnehin auf diese Weise nicht zu erlangen, denn immer können sich Mängel verbergen, die bei einer solchen Inspektion beim besten Willen nicht zu entdecken sind. Was schon der Fachmann nicht immer kann, wird dem Laien erst recht schwerfallen. Trotzdem werden die folgenden Hinweise helfen, manches untaugliche Instrument schon in der Vorauswahl auszusortieren.

Zunächst der dringende Rat, den Angaben der Besitzer nicht zuviel Bedeutung beizumessen. Erfahrungsgemäß wissen die meisten Klavierbesitzer nicht einmal das Alter ihres Prunkstückes einigermaßen genau anzugeben. Bei neueren Instrumenten geht es so wie mit den Geburtstagen: Man müßte eigentlich jedes Jahr ein Jahr dazuzählen, tut es aber doch nicht immer. Ist Huberts Examen etwa tatsächlich schon zwanzig Jahre her? Bei älteren Klavieren herrscht dagegen die Tendenz, eher ein wenig zu übertreiben, so

daß das gute Stück aus dem Jahr 1912 zur hundertjährigen Antiquität veredelt wird. Nur selten steckt wohl eine böse Absicht dahinter, aber bei Gebrauchtklavieren ist die Altersklasse zwischen »fast neu« und »historisch wertvoll« erstaunlich dünn besiedelt.

Auch all die Erzählungen von begeisterten Klavierstimmern und dem Kapellmeister, der den Flügel unbedingt kaufen wollte, überhöre man besser. Selbst wenn die eine oder andere Geschichte wahr ist, nützt sie dem zukünftigen Besitzer rein gar nichts.

Allerdings können einem auch die Instrumente Geschichten erzählen, und die hören sich oft ganz anders an. Schon das Äußere verrät viel über die Bedrängnisse, denen ein Klavier ausgesetzt war. Ist das Gehäuse stark beschädigt, zeugen gar Wasserflecken oder abgelöste Furniere von Feuchtigkeitsschäden, dann kann man kaum erwarten, daß das Innere von solchen Einwirkungen unbeeindruckt geblieben ist. Wenn sich herausstellt, daß das angebotene Instrument in einem Kellerraum untergebracht war oder wenn andere Anzeichen für einen feuchten Standort sprechen, dann ist Mißtrauen angebracht. Auch wenn im Moment keine Schäden zu sehen sind, werden diese mit einiger Wahrscheinlichkeit später auftreten, wenn in normalem Raumklima die Hölzer austrocknen. Verräterisch ist zum Beispiel der Staub, der sich im Inneren oder an der Rückseite findet. Ist dieser verschimmelt oder zeigen sich an hellen Holzteilen Stockflecke, so läßt das auf frühere Feuchtigkeitseinwirkung schließen. Auch ein muffiger Geruch kann ein Warnzeichen sein.

Irgendwann war es schick, ein weißes oder hellblaues oder dunkelgrünes Klavier zu haben. Mancher »alte Kasten« wurde dann kurzerhand mit Lackfarbe überstrichen, die sich mittlerweile teilweise wieder gelöst hat. Selbst an sich brauchbare Klaviere werden dadurch entwertet. Ähnliches gilt für die »Modernisierungen«, die vor einigen Jahrzehnten im Schwange waren. Bei den Klavieren entfernte man alle Verzierungen und furnierte die Gehäuse in Nußbaum oder Rüster, die Flügel wurden ihrer runden Füße und durchbrochenen Notenpulte beraubt und manchmal ebenfalls »umfurniert«. Die handwerkliche Qualität dieser Arbeiten war meist derart schlecht, daß diese Instrumente heute zu wirtschaftlich wertlosen Problemfällen geworden sind.

Zustand
der Klaviatur
Der nächste Blick sollte der Klaviatur gelten, deren Zustand viel über Art und Häufigkeit des Gebrauches verrät, dem ein Instrument ausgesetzt war.

Interessant ist bei einem alten Klavier natürlich zunächst die Frage, ob die Untertasten mit Elfenbein belegt sind oder nicht. Elfenbein erkennt man an der mehr oder weniger stark sichtbaren Maserung sowie daran, daß in der Regel zwischen dem vorderen, breiten Teil und dem zwischen den Obertasten liegenden schmalen Teil der Taste eine Fuge zu sehen ist. Fast immer besteht der Elfenbeinbelag nämlich aus Gründen der Materialersparnis aus zwei Teilen. Nur ganz selten findet man, meist bei hochwertigen Instrumenten aus der Nachkriegszeit, aus einem Stück geschnittene Elfenbeinplättchen, die diese Fuge nicht aufweisen.

Für den Handel mit Gegenständen aus Elfenbein, und dazu gehört auch der Verkauf eines alten Klaviers, gelten mittlerweile sehr strenge Bestimmungen. Es gibt ein generelles Vermarktungsverbot, von dem nur individuelle Ausnahmegenehmigungen möglich sind. Diese müssen beim jeweils zuständigen Regierungspräsidenten beantragt werden. Beim Fehlen des sogenannten »Cites-Zertifikates« droht gegebenenfalls ein Bußgeld. Wo kein Kläger ist, da ist freilich auch kein Richter, aber der Sachverhalt soll hier doch nicht übergangen werden.

Bei neueren Instrumenten ist jedoch Kunststoffbelag die Regel, auch die schwarzen Tasten sind meist nicht aus Ebenholz, sondern aus synthetischem Material. Nicht selten besteht aber auch bei alten Klavieren der weiße Belag der Untertasten aus Ersatzstoffen wie Zelluloid oder Galalith. Zelluloid erkennt man an dem leichten Geruch nach Kampher, den es auch nach Jahrzehnten noch verströmt. Galalithbelag weist aufgrund der hohen Spannung, die dieses Material entwickelt, oft Risse auf, die man unter Umständen mit den Fugen des Elfenbeinbelages verwechseln kann.

Ein Blick auf den Klaviaturbelag verrät, ob ein Instrument viel oder wenig gespielt wurde. Sind die Untertasten in der Mittellage tief ausgespielt, dann deutet das auf starken Gebrauch. Besonders bei Elfenbeinbelag wird die Vorderkante an den Stellen, wo der Belag dünner geworden ist, oft messerscharf und neigt dazu, teilweise auszubrechen, was beim Spielen sehr unangenehm ist.

Sowohl Elfenbein als auch manche Kunststoffe können mit der Zeit vergilben. Das sieht einerseits nicht schön aus, kann andererseits aber auch auf minderwertiges Material oder ungünstigen Standort hinweisen. Besonders für Instrumente, die einmal in einer Gastwirtschaft standen, sind gelbe Tastenbeläge charakteristisch. Außerdem findet man dann meist durch liegengelassene Zigaretten verursachten Brandspuren, zudem verrät ein säuerlicher »Kneipen-geruch« manchmal auch noch nach Jahren den früheren Einsatzort. Allein das ist ein Grund, ein solches Instrument nicht in einem Wohnraum aufzustellen.

Auch fehlende oder unsachgemäß ersetzte Tastenbeläge kenn-zeichnen einen ungepflegten Zustand des Klaviers und sollten nicht als unbedeutende Schönheitsfehler abgetan werden.

Zustand der Filze und Tuche

Ein weiterer Punkt, der bei der Prüfung der Klaviatur beachtet werden sollte, ist der Zustand der Filze und Tuche, die zur Führung und Lagerung der Tasten dienen. Mottenfraß läßt sich meist erst nach Öffnen des Gehäuses feststellen, aber schon von außen kann man sehen, ob starker Verschleiß vorliegt. Die Tastenoberflächen sollten möglichst eine Ebene bilden, keineswegs darf die Klaviatur beim Darüberschauen von der Seite wie eine Buckelpiste aussehen. Die Tasten dürfen auch nur ganz wenig seitliches Spiel haben, was man durch leichtes Hin- und Herbewegen feststellen kann. Bei sehr ausgespielten Tastenführungen können im Extremfall die Tasten beim Spielen seitlich aneinanderschlagen. Am besten vergleicht man das seitliche Spiel der viel benutzten Tasten der Mittellage mit denen im Baß und Diskant, bei denen sich wahrscheinlich die ur-sprünglichen Verhältnisse erhalten haben.

Schiefstehende Tasten

Eine andere Art von Verschleiß tritt häufig bei neueren Kleinkla-vieren auf, bei denen die Tastenhebel besonders in der unteren Mit-tellage und im Baß stark abgeknickt sind. Durch die hier auftreten-den seitlichen Kräfte nutzen sich die Tastenführungen einseitig ab und die Tasten stehen dann mehr oder weniger schief. Gleichzeitig wird beim Spielen ein erhöhter Reibungswiderstand fühlbar. Durch Auswechseln der verschlissenen Filze kann Abhilfe geschaffen wer-den, aber das ist nicht billig und natürlich auch nicht dauerhaft, da die ungünstige Konstruktion ja bestehen bleibt.

Zustand der Pedale

Es gibt noch ein weiteres Indiz, an dem der Abnutzungsgrad des Instruments äußerlich sichtbar wird, nämlich der Zustand der Pe-dale. Besonders bei dem meist benutzten rechten Pedal kann das Messing so weit abgetreten sein, daß darunter der eiserne Pedalhe-bel sichtbar wird. Auch seitliches Spiel und starke Geräusche beim Treten der Pedale deuten auf Abnutzung hin.

Funktionsfähigkeit aller Tasten

All diese Beobachtungen und Feststellungen sind möglich, ohne auch nur einen Ton anzuschlagen. Das soll nun als nächstes gesche-hen. Beim mehrmaligen Durchspielen aller Tasten stellt man fest, ob alle Töne funktionieren. Gleichzeitig achte man auf alles, was

irgendwie auffällig ist: Unterschiede im Kraftaufwand, der zum Niederdrücken der Tasten nötig ist, Nebengeräusche der Mechanik wie Klappern oder Quietschen, außerdem jede Art von Klirren oder Scheppern, die den Ton begleiten können. Rasselnde Nebengeräusche im Baß haben ihre Ursache meist in schadhaften Baßsaiten, aber auch Schäden am Resonanzboden oder den Stegen können für solche Erscheinungen verantwortlich sein. *Tastendruck*
Nebengeräusche

Mittels einer mitgebrachten Stimmgabel ist es nicht allzu schwer, die Stimmtonhöhe des Instrumentes festzustellen. Auch wenn ein Klavier jahrelang nicht gestimmt wurde, sollte die Stimmung nicht um mehr als einen halben Ton absinken, das heißt also, daß der angeschlagene Ton b dann etwa wie das a der Stimmgabel klingt. Noch tiefere Stimmung deutet auf jahrzehntelange Vernachlässigung oder schlechte Stimmhaltung hin und ist auf jeden Fall ein Warnzeichen. Besonders achte man darauf, ob einzelne Töne besonders stark verstimmt sind, da dies meist auf zu lockere Stimmwirbel zurückzuführen ist. Eine typische Erscheinung ist es, daß beim Durchspielen einer chromatischen Skala in einem Bereich jeder zweite Ton auffällig in sich verstimmt ist. Das hängt mit der Anordnung der Wirbel zusammen, die von Ton zu Ton so versetzt sind, daß die Wirbel der verstimmten Saiten gerade in einer horizontalen Reihe liegen. Sicher liegt dann ein Riß im Stimmstock vor, der in Richtung der fraglichen Wirbelreihe verläuft. Ein solcher Fehler ist nur durch eine sehr aufwendige Reparatur zu beheben. *Stimmung*

Unbedingt beachten sollte man auch die Wirksamkeit der Dämpfung, die jeden Ton sofort nach dem Loslassen der Taste zum Verstummen bringen muß. Keinesfalls zu tolerieren ist auffälliges Nachklingen oder ein Nachhallen, als sei das rechte Pedal dauernd getreten. Die Ursache dafür kann vielfältig sein. Manches ist im Rahmen einer Reparatur oder auch durch einfaches Nachregulieren zu beheben. Beim aufrechten Klavier trifft man aber hin und wieder die altertümliche »Oberdämpfermechanik« an, die hinsichtlich des Dämpfens nur in Ausnahmefällen den heutigen Ansprüchen genügt. Diese Mechanikkonstruktion, bei der die Dämpfer oberhalb der Hämmer angeordnet sind, war um die Jahrhundertwende vor allem bei billigen Fabrikaten verbreitet. Es gibt aber, zum Beispiel von Blüthner oder Ibach, sehr aufwendig konstruierte Oberdämpfermechaniken, die nicht zu beanstanden sind. In der Regel gilt jedoch, daß eine Oberdämpfermechanik, die man nach Anheben des *Wirksamkeit der Dämpfung*

Oberdämpfermechanik

Deckels leicht daran erkennt, daß die Dämpfung den Blick auf die Reihe der Hämmer versperrt, die Brauchbarkeit eines Klaviers zunächst einmal ernsthaft in Frage stellt. Nach dem Ersten Weltkrieg wurden, von wenigen Ausnahmen abgesehen, kaum noch solche Mechaniken gebaut.

Die vorstehenden Hinweise auf mögliche Schäden und ihre äußeren Anzeichen erheben, wie schon gesagt, keinerlei Anspruch auf Vollständigkeit. Insbesondere wurden all die Dinge ausgespart, die erst nach Öffnen des Gehäuses zu erkennen sind. Dies ist zwar, zumindest bei den meisten Modellen, verhältnismäßig einfach möglich, dennoch ist dem Laien davon abzuraten, das zum Kauf angebotene Instrument gleich an Ort und Stelle zur Untersuchung zu

*Oberdämpfer-
mechanik*

zerlegen. Es kann doch nicht ganz ausgeschlossen werden, daß man beim Auseinandernehmen oder Zusammensetzen das Gehäuse versehentlich beschädigt und dadurch die weiteren Verhandlungen unnötig erschwert. Ebenso unangenehm ist es, wenn der Zusammenbau aus irgend einem Grunde nicht mehr glücken will. Solche Untersuchungen überlasse man dem Fachmann, den man vor einer endgültigen Entscheidung immer noch hinzuziehen kann.

Der Zweck dieses Abschnittes war es also nicht, den Leser zum Klaviersachverständigen zu machen. Es ist aber wichtig, sich bei der Besichtigung eines Instruments der möglichen Probleme einigermaßen bewußt zu sein. Oft werden nämlich bestehende Mängel auch vom Laien durchaus erkannt, aber nicht ernst genug genommen. Optimismus ist sicher ein schöner Charakterzug, beim Kauf eines gebrauchten Klavieres stellt er sich aber nicht selten als schlechter Ratgeber heraus. Man nehme also nicht an, daß die erkannten Fehler und Mängel nach dem Transport von selbst verschwinden oder vom Klavierstimmer mit wenigen Handgriffen zu beheben sind, denn gar zu häufig ist das Gegenteil der Fall.

Wenn man auf ein Instrument stößt, das in gut brauchbarem Zustand ist und auch äußerlich nicht im Mißverhältnis zum geplanten Aufstellungort steht, dann spricht nichts gegen den Ankauf, sofern die geforderte Summe nicht zu hoch ist. Vom Erwerb eines als reparaturbedürftig erkannten Klaviers oder Flügels ist dagegen in der Regel abzuraten, da das Risiko für den Käufer doch sehr hoch ist. Zudem sind umfangreiche Reparaturen oder gar eine Generalüberholung meist teurer als ein preiswertes neues Instrument, so daß der günstige Kauf, der doch meist der Hauptzweck bei der Suche nach einem gebrauchten Exemplar ist, dann ohnehin nicht zu erreichen ist. Wenn man, sei es von privater Hand oder von einem Händler, für wenige tausend Mark ein Instrument als »überholt« oder gar »restauriert« angeboten bekommt, sollte man besser der Verlockung widerstehen. Die umfangreichen Arbeiten, die erforderlich sind, damit ein Klavier eines dieser Attribute verdient, sind für einen so niedrigen Preis einfach nicht auszuführen.

Reparaturbedürftige Instrumente

Selten sind solche Angebote freilich nicht, denn das Klavier bietet sich leider für alle Arten von Pfuscharbeit geradezu an. In anderen Bereichen handwerklicher Betätigung gibt es eindeutig geforderte Mindeststandards, deren Einhaltung zumindest in gewissem Umfang auch überwacht wird. Sicher können Lebensmittelüberwachung, Bauaufsicht, TÜV und vergleichbare Institutionen nicht jede

Fehlleistung verhindern, aber eine Beschränkung der schlimmsten Auswüchse leisten sie doch. Nicht so beim Klavier, wo dies natürlich auch gar nicht durchzuführen wäre. Der Kauf eines generalüberholten Klaviers ist also in jedem Fall eine Vertrauenssache, denn allgemeingültige und leicht erkennbare Merkmale für gute Arbeit lassen sich unmöglich angeben.

Der Kaufpreis Zuletzt bleibt noch die Frage nach der Ermittlung eines angemessenen Preises für ein Gebrauchtinstrument. Im Zweifelsfall ist da fachmännischer Rat sehr zu empfehlen, da pauschale Angaben, wie sie hier nur möglich wären, keine große Hilfe sein können. Auf jeden Fall behalte man im Auge, daß bei Einbeziehung aller anfallenden Kosten, also auch für Transport und anschließende Stimmung oder gar Reparatur, noch ein deutlicher Kostenvorteil gegenüber dem Neukauf verbleiben muß. Sehr häufig, und nicht selten für den Laien überraschend, wird der Fachmann bei Abwägung aller Umstände zu dem Schluß kommen, daß ein wirtschaftlicher Wert nicht mehr gegeben ist und daher höchstens ein bescheidener Anerkennungspreis in Frage kommt.

Es ist daher keineswegs ratsam, sich vom Anbieter oder von der eigenen Ungeduld in irgend einer Weise unter Druck setzen zu lassen. Es gibt wahrlich so viele alte Klaviere, daß man sich nicht Hals über Kopf für ein vermeintliches »Schnäppchen« entscheiden muß. Zu groß ist die Gefahr, daß man sein gutes Geld zum Fenster hinauswirft und sich zudem noch eine schwer wieder zu »entsorgende« Ruine ins Haus holt.

Nach dem Kauf

Ob die Wahl nun auf ein neues oder ein gebrauchtes Instrument fiel, einige Dinge sollten auf jeden Fall beherzigt werden, wenn man für viele Jahre Freude an der Neuerwerbung haben will.

Die sorgsame Behandlung fängt schon mit der Wahl des Aufstellungsortes an. Früher hörte man oft den Hinweis, ein Standort an einer Außenmauer sei unbedingt zu vermeiden. Ganz zeitgemäß ist das nicht mehr, denn das Raumklima in den Wohnungen hat sich sehr geändert. Waren feuchte Wände früher nicht ungewöhnlich, so ist bei den heutigen Heizgewohnheiten eher die Trockenheit während der Heizperiode gefährlich. Zudem sind neuere Gebäude und mittlerweile auch viele Altbauten gut isoliert. *Der Aufstellungsort*

Schwankungen in der Luftfeuchtigkeit sind es, die für Gegenstände aus Holz besonders bedrohlich sind, wogegen Temperatur- *Luftfeuchte* wechsel normalerweise keine so große Rolle spielt. Die Heizungsluft im Winter ist trocken, was neben Verstimmung auch das Verziehen und Reißen von Holzteilen zur Folge haben kann. Es ist daher *Hygrometer* besser, das Klavier nach Möglichkeit in einem Raum unterzubringen, der im Winter nicht so stark beheizt werden muß. Auf jeden Fall beschaffe man sich ein zuverlässiges Hygrometer, um das Raumklima zu kontrollieren. Einfache Haar-Hygrometer sind sehr ungenau und daher nicht zu empfehlen. Elektronische Hygrometer

gibt es etwa ab fünfzig Mark, sie sind nicht so exakt wie die wesentlich teureren Geräte für den professionellen Gebrauch, geben aber
einen guten Anhaltspunkt. Günstig wäre eine relative Luftfeuchte
von etwa 50-60 %, die bei uns während des Sommers in Wohnräu-
men auch ohne besondere Maßnahmen meist einigermaßen einge-
halten wird. Im Winter kann bei Frostwetter die Feuchtigkeit leicht
auf Werte unter 30 % absinken, und dann sollte man mit einem
Luftbefeuchter für Abhilfe sorgen. Es gibt diese Geräte in verschiedenen Bauarten und Größenklassen. Wichtig ist, daß ein für die
Raumgröße passendes Gerät gewählt wird. Nicht versäumen darf
man die regelmäßige Reinigung und Wartung, da nur so ein hygie-
nisch einwandfreier Zustand des Luftbefeuchters gewährleistet ist.

Seit einiger Zeit sind als Alternative auch Geräte auf dem Markt, die in das Instrument eingebaut werden und die mittels elektronischer Steuerung über das ganze Jahr für eine Regulierung der Feuchtigkeit in unmittelbarer Nähe der gefährdeten Bauteile sorgen. Die Erfahrungen damit sind durchweg positiv, so daß man den Einsatz solcher Geräte zumindest an problematischen Standorten nur empfehlen kann. Der Einbau ist auch nachträglich möglich und kann leicht an Ort und Stelle vorgenommen werden.

Völlig nutzlos ist es dagegen, einige Marmeladengläser mit Wasser ins Klavier zu stellen. Viel zu gering sind die Wassermengen, die auf diese Weise verdunstet werden können. Das Gleiche gilt für die Wasserbehälter, die an den Heizkörpern befestigt werden. In einem

normalen Wohnraum müssen pro Tag mehrere Liter Wasser ver-
dampfen, um eine nennenswerte Steigerung der Luftfeuchtigkeit
zu erzielen, und das wird mit diesen Mitteln jedenfalls nicht annähernd erreicht.

Daß man kein Instrument der direkten Sonnenbestrahlung aus-
setzen darf, ist wohl selbstverständlich. Furnier und Lack werden
dadurch in kurzer Zeit in Mitleidenschaft gezogen. Schädlich ist
auch die direkte Wärmestrahlung eines Heizkörpers. Noch schlimmer wirkt sich aber die Fußbodenheizung aus, die in dieser Hinsicht von allen Heizungsarten die bedenklichste ist. Wenn die Auf-
stellung in einem Raum mit Fußbodenheizung nicht zu vermeiden
ist und man diese nicht in dem betreffenden Bereich außer Betrieb
setzen kann, dann sollte durch einen geeigneten Bodenbelag nach
Möglichkeit verhindert werden, daß aufsteigende Warmluft das Instrument von unten her »ausdörrt.«

Diese Empfehlungen gelten gleichermaßen für neue wie für alte
Instrumente. Zwar sind die heute gebauten in einigen Bereichen
aufgrund anderer Werkstoffe weniger empfindlich gegen Feuchtig-
keitsschwankungen, aber auch sie leiden unter dem Wechsel von
Trockenheit und Feuchtigkeit. Allerdings sind die Gefahren bei
alten Klavieren und Flügeln um einiges akuter, da diese einerseits
für ein ganz anderes Wohnklima gebaut wurden, andererseits aber
schon viele Heizperioden »erdulden« mußten und daher schon vor-
geschädigt sein können.

Eine Kontrolle und gegebenenfalls Regulierung der Luftfeuchtigkeit lohnt sich also in jedem Fall, da die Stimmhaltung und auch
die Störanfälligkeit der Instrumente dadurch ganz wesentlich beein-
flußt werden können.

Trotz der besten Klimakontrolle wird aber doch früher oder später der Zeitpunkt kommen, wo die Verstimmung ein nicht mehr zu
tolerierendes Maß überschritten hat. Wann das sein wird, ist kaum
vorherzusagen, aber als Faustregel kann gelten, daß einmal im Jahr
der Klavierstimmer bestellt werden sollte. Ein neues Instrument
verstimmt sich in den ersten Jahren stärker, da die Saiten erst nach
einem gewissen Alterungsprozeß die bestmögliche Stimmhaltung
erreichen. Am Anfang sollte also häufiger gestimmt werden, damit
die Stimmhöhe nicht allzu sehr absinkt. Läßt man es dazu kommen, dann erschwert man dem Stimmer die Arbeit unnötig. Ein
Instrument, das nach längerer Zeit wesentlich unter die normale
Tonhöhe abgesunken ist, läßt sich nämlich nicht so ohne weiteres

haltbar auf Normalhöhe stimmen. Dazu sind dann mehrere Stimmungen in kurzem Abstand nötig, was die Ersparnis durch den unterlassenen Service zumindest teilweise wieder aufzehrt. Zudem bereitet ein verstimmtes Klavier keine Freude und vermittelt schon gar keinen Kunstgenuß, es verfehlt in diesem Zustand also genau den Zweck, für den es angeschafft wurde. Man bedenke auch, wie sich Mißklänge des Klaviers auf die Gehörbildung eines lernenden Kindes auswirken werden. Wer ansehnliche Summen für Instrument und Unterricht ausgibt, der sollte dann nicht am falschen Platz sparen und die regelmäßige Stimmung vernachlässigen.

Das Gleiche gilt für ein anderes lästiges Thema, nämlich die nötige Sitzgelegenheit. Immer wieder stellt man fest, daß Musikliebhaber, die sich zum Kauf eines hochwertigen und entsprechend kostspieligen Instruments durchgerungen haben, bei der Wahl eines geeigneten Sitzmöbels dazu von einem seltsamen Kleinmut befallen werden. Da muß entweder der alte, wackelige Drehstuhl des ausgedienten Vorgängerklaviers weiter herhalten oder ein Bürostuhl wird umfunktioniert. Selten erfüllen diese Notbehelfe die Forderungen, die man eigentlich stellen müßte, nämlich Standfestigkeit und ausreichende Verstellmöglichkeit. Die früher üblichen dreibeinigen Drehstühle bieten zwar genügend Spielraum bei der Höhenverstellung, sind aber nicht sehr standsicher und für zappelnde Kinder geradezu gefährlich. Gut bewährt haben sich dagegen vierbeinige Bänke, deren Höhe mit seitlich angebrachten Drehknöpfen zu verstellen ist. (Man bezeichnet sie oft als »Beethovenbänke«.) Man lege jedoch Wert auf einen stabilen Verstellmechanismus, da bei den billigeren Exemplaren gar zu sehr an der Mechanik gespart wird. Wenn mehrere Personen unterschiedlicher Körpergröße die Bank benutzen und diese daher häufig verstellt werden muß, dann sollte man lieber etwas mehr ausgeben und ein Modell wählen, das diesen Belastungen auch standhält.

*Die Sitz-
gelegenheit*

Eine besondere Lampe zur Beleuchtung der Noten ist nicht in jedem Fall erforderlich, kann bei ungünstigen Lichtverhältnissen aber sinnvoll sein. Es gibt Modelle, die man einfach auf das Klavier stellt und andere, die mit einer Klemmschraube am Oberrahmen angebracht werden. Ähnlich sind Lampen für den Flügel konstruiert, die meist am Notenpult zu befestigen sind. Moderne Niedervolt- beziehungsweise Halogenlampen ermöglichen dabei formschönere Gestaltungen als die früher üblichen, die oft wie umfunktionierte Schreib- oder Nachttischlampen wirkten.

Beleuchtung

An dieser Stelle, lieber Leser, nähert sich dieses Buch ganz offenbar einer kritischen Stelle, denn ich beginne, von allen möglichen Dingen am Rande zu erzählen. Damit soll Schluß sein, ehe ich noch anfange, Ihnen Ratschläge hinsichtlich der Bilder zu geben, die über dem Klavier hängen sollen.

Nicht, daß ich so vermessen wäre, zu glauben, es sei nun schon alles gesagt. Im Gegenteil, je länger ich nachdenke, desto mehr Dinge fallen mir ein, die im einen oder anderen Fall noch von Bedeutung sein könnten. Sollte ich also etwas übergangen haben, so bitte ich hiermit in aller Form um Nachsicht.

Und bedenken Sie bitte, daß es mir nicht darum ging, das »beste Klavier der Welt« ausfindig zu machen. Jeder Klavierkäufer sucht das Instrument, das ihm am besten gefällt und das ihm möglichst gute Dienste leistet. Wenn ich dazu mit meinen Hinweisen ein paar kleine Hilfestellungen geben kann, bin ich schon zufrieden. Und das wünsche ich Ihnen auch mit Ihrem neuen (oder vielleicht alten) Klavier.

Klavierhersteller auf dem deutschen Markt

Stand: Ende 1998

Marke *Hersteller (Importeur)*	*Pianomodelle*	*Flügelmodelle*
Astor *Young Chang Akki Europe GmbH, Viersen* *(Hergestellt von Young Chang)*	108, 109, 115, 120, 121, 131	150, 157, 175, 185, 208, 213, 275
Bechstein, C. *C. Bechstein Pianofortefabrik AG, Berlin*	110, 118, 122, 124, 131	158, 180, 189, 208, 232, 280
Bentley, Grover & Grover, Stroud *The Bentley Piano Co. Ltd., London*	103, 110, 116, 119	
Bergmann *Young Chang Akki Europe GmbH, Viersen* *(Hergestellt von Young Chang)*	109, 115, 120, 121, 131	150, 157, 175, 185, 208, 213, 275
Th. Betting, Legnica *Legnicka Fabryka Fortepianow i Pianin S.A., Legnica, Polen*	105, 113, 118, 120, 128	
Blüthner, Julius *Julius Blüthner Pianofortefabrik GmbH, Störmthal/Leipzig*	115, 117, 120, 130	148, 166, 190, 210, 230, 280
Bohemia, Schlögl, Rieger-Kloss *IFM Piana, Jihlava/Tschech. Rep.*	109, 111, 118, 121, 122, 123, 125	158, 185, 214, 272
Bösendorfer *L. Bösendorfer Klavierfabrik GmbH, Wien*	120, 130	170, 200, 214, 225, 275, 290

Marke *Hersteller (Importeur)*	*Pianomodelle*	*Flügelmodelle*
Boston *Boston Piano GmbH, Hamburg* *(Produktion Japan)*	118, 125, 132 193, 218	156, 163, 178,
Broadwood *John Broadwood & Sons Ltd., London*	112, 119, 126	
Challen, Barrat & Robinson *Mickleburgh Ltd., Bristol* *(Produktion teilw. in Malaysia)*	112, 118, 122, 128	160, 178
Carl Ebel *Music Brokers International, Veenendaal*	109, 115, 117	
Erard *Taiyo Musikinstrumente, Hilden*	113, 116	
Estonia *AS Tallinna Klaverivabrik, Tallinn, Estland*	163, 190, 273	
Eterna *Yamaha Europa GmbH, Rellingen*	108, 110, 121	
Europa *C. Bechstein Pianofortefabrik GmbH, Berlin* *(Produktion Polen)*	122	
Fazioli *Fazioli Pianoforti SRL, Sacile(PN), Italien*		156, 183, 212, 228, 278, 308
Feurich *Julius Feurich Pianofortefabrik GmbH,* *Gunzenhausen*	116, 117, 118, 123	197

Marke *Hersteller (Importeur)*	*Pianomodelle*	*Flügelmodelle*
August Förster *August Förster GmbH, Löbau/Sa.*	116, 125	170, 190, 215, 275
Furstein (Farfisa) *Comus S.p.A., Potenza Picena, Italien*	105, 112, 120	
Gaveau *Pleyel & Cie., Alès Cedex, Frankreich*	113, 116, 117	
A. Grand *A. Grand oHG, Wuppertal* *(Produktion VR China)*	108, 115, 118, 120	158, 168
Grotrian-Steinweg *Grotrian-Steinweg, Pianofortefabrikanten,* *Braunschweig*	108, 111, 122, 124, 132	165, 192, 225, 277
Haessler *Julius Blüthner Pianofortefabrik GmbH,* *Störmthal/Leipzig*	115, 118, 124	186
Helios, Strauss, Nieer *Shanghai Helios Piano Co. Ltd., Shanghai,* *VR China*	108, 110, 117, 120, 121, 130, 132	170, 213, 275
Hermann, M. Gotzmann, Krakauer *Artfield Piano, Hong Kong*	110, 120, 132	
W. Hoffmann *W. Hoffmann, Berlin (Bechstein-Gruppe)*	115, 124	
Hohner *Hohner AG, Trossingen (Produktion Korea)*	112, 120, 128	152, 187, 211

Marke *Hersteller (Importeur)*	*Pianomodelle*	*Flügelmodelle*
Hyundai, Burger & Jacobi *Hyundai Corporation , Seoul, Korea*	105, 116, 121, 131	140, 155, 175, 185, 208
Rud. Ibach *Rud. Ibach Sohn, Schwelm*	112, 114, 118, 128, 132	183, 215, 240
K. Kawai *Kawai Europa GmbH, Krefeld*	105, 113, 110, 114, 121, 125, 130	164, 173, 178, 186, 197, 212, 227, 276
Kemble, Chappell *Kemble & Company Ltd., Milton Keynes,* *Bletchley, Großbritannien*	109, 110, 115, 116, 121	
Klima *Klima Piano, Hradec Kralove, Tschech. Rep.*		
Klug & Sperl, Rosenberg, Solton *Solton Music GmbH, Pocking*	110, 120	
Alfred Knight *Alfred Knight Ltd., London*	112, 122	
Linden *Kawai Europa GmbH, Krefeld* *(Produktion VR China)*	115	
Matthaes *Carl Matthaes KG, Stuttgart*	114	
Neupert *J. C. Neupert, Bamberg*	112	Hammerflügel nach Könnicke, Dulcken, Graf

Marke Hersteller (Importeur)	Pianomodelle	Flügelmodelle
Niendorf Flügel- und Klavierbaufabrik Luckenwalde, Luckenwalde	120	145, 182
Nordiska, Prince, Princess Yingkou Dongbei Piano Group, VR China	111, 115, 116, 121, 126, 131	
Nordpiano Nordpiano GmbH, Ducherow	121	
Pearl River Guangzhou Pearl River Piano Group Ltd., Guangzhou, VR China	108, 110, 114, 115, 118, 120, 121	159, 213, 274 125, 130
Petrof Továrna na piana, a.s., Hradec Králové, Tschech. Rep.	100, 105, 110, 115, 118, 125, 126, 131	158, 172, 192, 236, 283
Pfeiffer Carl A. Pfeiffer, Leonberg	114, 118, 124	191
Pleyel Pleyel & Cie., Alès Cedex, Frankreich	114, 118, 124, 130	190
Rameau Pleyel & Cie., Alès Cedex, Frankreich	111, 116, 118, 122, 130	188
Ravenstein Taiyo Musikinstrumente, Hilden (Produktion Polen und Asien)	110, 118	
Rönisch, Hupfeld Pianofortefabrik Leipzig GmbH, Böhlitz-Ehrenberg/Leipzig	115, 118, 123, 132	186

Marke *Hersteller (Importeur)*	*Pianomodelle*	*Flügelmodelle*
Rösler *Továrna na piana, a.s., Hradec Králové,* *Tschech. Rep.*	103, 108, 113	172
Roth & Junius *Rud. Ibach Sohn Pianohaus, Schwelm* *(Produktion Korea)*	109, 110, 118, 121	157, 185
Royale Classic *Taiyo Musikinstrumente, Hilden* *(Produktion Korea)*	114, 115, 118, 122, 126	160, 178
Samick *Samick Musical Instruments Europe GmbH,* *Duisburg* *(Produktion Inchon/Korea und Jakarta/Indonesien)*	105, 108, 110, 112, 114, 116, 118, 121	140, 150, 155, 160, 172, 185, 205, 215, 225, 275
Sauter *Carl Sauter Pianofortemanufaktur,* *Spaichingen*	112, 114, 120, 122, 128, 130	160, 185, 220
Schiedmayer *Rud. Ibach Sohn Pianohaus, Schwelm* *(Produktion Japan)*	112, 114, 126	164, 183
Schimmel *Wilhelm Schimmel Pianofortefabrik GmbH,* *Braunschweig*	114, 116, 120, 122, 130	182, 208, 256
Schnell, Cranach Line, Rosenberg *R. Schnell, Kronach*	118, 122, 130	
Scholze *Továrna na piana, a.s., Hradec Králové,* *Tschech. Rep.*	112, 122	172

Marke *Hersteller (Importeur)*	*Pianomodelle*	*Flügelmodelle*
Schulze-Pollmann *Generalmusic, S. Giovanni in M./RN, Italien*	113, 117, 126	190
Seidl & Sohn *Seidl Piano, a.s., Jirikov, Tschech. Rep.*	109, 113, 120, 127	
Seiler *Ed. Seiler Pianofortefabrik, Kitzingen*	116, 122, 131	180, 206, 240
Wilhelm Steinberg *Wilhelm Steinberg Pianofortefabrik AG, Eisenberg*	116, 122, 128	170
Steingraeber & Söhne *Steingraeber & Söhne KG, Bayreuth*	110, 116, 122, 130, 138	168, 205
Steinway & Sons *Steinway & Sons, Hamburg*	125, 132	155, 170, 180, 188, 211, 227, 274
Tetsch & May (Produktion Sonore, Ede, NL) *Tetsch & May, Emmerich*	112, 116, 120	
Thürmer *Ferd. Thürmer Pianofortefabrik, Bochum*	114, 120, 135	190, 230
Urk & Sons, Bechner *van Urk Import/Export, Rotterdam (Produktion GUS)*	112, 120	
Weinbach, Förster-Jirikov *Továrna na piana, a.s., Hradec Králové, Tschech. Rep.*	104, 114, 124	155, 170, 192

Marke *Hersteller (Importeur)*	*Pianomodelle*	*Flügelmodelle*
Welmar, Marshall & Rose *Welmar Pianos Ltd., London*	112, 114, 118, 122, 126	183
Woodchester *Woodchester Piano Co.,* *Woodchester, Großbritannien*	112, 118, 122	
Yamaha *Yamaha Europa GmbH, Rellingen*	108, 110, 116, 118, 121, 131	149, 160, 161, 173, 186, 200, 212, 227, 274
Young Chang *Young Chang Akki Europe GmbH, Viersen* *(Produktion Inchon/Korea und Tianjin/* *VR China)*	109, 114, 118, 121, 131	150, 157, 175, 185, 208, 213, 275
Zimmermann *Sächsische Pianofortefabrik GmbH,* *Seifhennersdorf*	115, 120, 125	180

Ahrens / Böcher / Eul / Goede
170 Jahre Klavierbau in Eisenberg / Thüringen
Ein Standardwerk zur Geschichte des Klavierbaues.

Format 17 x 24 cm, 224 Seiten, kartoniert.

ISBN 3-923639-96-1, DM 58,–

Blüthner / Gretschel
Lehrbuch des Pianofortebaues
Mit technischen Zeichnungen.

Faksimile-Ausgabe von 1872.

Format 29,5 x 21 cm, 20 Seiten Text- und Atlasband.

ISBN 3-923639-94-5, komplett DM 98,–

Ingbert Blüthner-Haessler
Pianofortebau
Elementar und umfassend dargestellt von einem Klavierbauer.

168 Seiten, zahlreiche, teils farbige Abbildungen
und Zeichnungen, fester Einband.

ISBN 3-923639-92-9, DM 94,–

Funke, Otto
Das Klavier und seine Pflege
Theorie und Praxis des Klavierstimmers.

7., unveränderte Auflage, 78 Seiten.

ISBN 3-920-112-09-1, DM 26,–

Funke, Otto
Das Intonieren von Pianos und Flügeln
Unter besonderer Berücksichtigung der Beziehung von Hammer-
kopf, Resonanzboden und Saitenbezug zur Information.

Reprint, 3. Auflage, 55 Seiten.

ISBN 3-920-112-60-1, DM 24,–

Henkel, Hubert
Besaitete Tasteninstrumente – Katalogband
Deutsches Museum – Musikinstrumentensammlung
Clavichorde, Cembali, Hammerflügel, Klaviere
Großformat 22,5 x 30 cm, 328 Seiten, ca. 160 Abbildungen.
ISBN 3-923639-99-6, DM 195,–

Herzog, H. K. / Großbach, Jan
Atlas der Pianonummern – 8. Auflage
Mit Namen von über 1400 europäischen Klavierbauern aus drei
Jahrhunderten. Deutsch, english, français, italiano, norsk, svensk.
Ca. 180 Seiten / pages.
ISBN 3-923639-00-7, DM 68,–

Junghans, Herbert
Der Piano- und Flügelbau
7., wesentlich erweiterte Auflage, bearbeitet von H. K. Herzog.
Mitarbeiter: Dietrich Dotzek, Klaus Fenner, Otto Funke,
Hermann Jedele, Martin Jehle, Karl Jung, Earle Kent, Ulrich Laible,
Emile Leipp, Herbert A. Kellner, Edgar Lieber, Max Matthias,
Wolf-Dieter Neupert, Walter Pfeiffer, Heinrich Riedel,
Lothar Thomma, Klaus Wogram.
424 Seiten, ca. 280 Abbildungen und Bildtafeln.
ISBN 3-923639-90-2, DM 148,–

Kellner, Herbert A.
Wie stimme ich selbst mein Cembalo?
Die Praxis der musikalischen Temperaturen.
3. überarbeitete und erweiterte Auflage, 69 Seiten.
ISBN 3-923639-68-6, DM 39,–

Laible, U.
Fachkunde Klavierbau
Zahlreiche technische Zeichnungen und Tabellen
mit rechnerischen Fallbeispielen.
2. erweiterte und überarbeitete und erweiterte Auflage,
Format 21 x 20 cm, 220 Seiten.
ISBN 3-923639-9-3, DM 38,–

Die Deutsche Bibliothek – CIP-Einheitsaufnahme

Grossbach, Jan:
Ratgeber für den Klavierkauf / Jan Grossbach. –
Frankfurt am Main : Bochinsky, 1997
(Fachbuchreihe Das Musikinstrument; Bd. 63)
ISBN 3-923639-12-0
NE: GT

Verlag Erwin Bochinsky
GmbH & Co. KG
Frankfurt am Main
Germany

Zeichnungen und
Gestaltung
Elmar Lixenfeld
Frankfurt am Main

Druck
Saarbrücker Druckerei und Verlag GmbH

ISBN 3-923639-12-0